高山先生の**若手スタッフシリーズ**

とりあえず 法人税申告書が 作れるようになる本

税理士 **高山 弥生** 著

ベンチャーサポート税理士法人
代表税理士 **森 健太郎** 監修

税務研究会出版局

はじめに

　税理士事務所に入って法人税の申告書を初めて作成する。それはおそらく赤字の会社の申告書ではないでしょうか。赤字の会社なら、たとえ少しくらい間違えても繰越欠損金の金額がズレるくらいで納税額に影響が出ないため、所長としては新人にやらせてみよう、という気持ちになるようです。

　しかしながら、新人にとっては赤字会社とはいえ難しいのです。新人がつまずくのはズバリ「源泉所得税の処理」でしょう。期中の処理の仕方によって申告書の書き方が変わりますので、数字は小さくともわかりにくいのです。ベテランの中にも、ともかく前の申告書を見ながら数字の動きを真似して作成している人もいるのではないでしょうか。

　次いで、別表5（1）、別表5（2）がわからない。出てくる用語が会計と似て非なるため、なんだかよくわからずシステム頼み。本屋さんに行って法人税の申告書についての本を買おうとするのですが、難しすぎて買わずに帰ってきてしまい、申告日が迫ってきて、理解は及ばずうやむやのまま……。

　本書では、そのような初めて法人税の申告書を作成しておもわず面食らった若手スタッフのために、特殊な難しい話は全て省き、赤字会社の申告書の書き方（源泉所得税の処理）、別表5（1）・別表5（2）の理解、中間納付のある申告書の書き方、中間還付のある申告書の書き方に絞って解説しました。別表の書き方は複数あり、全てを紹介できませんが、理解してしまえば、あとはその応用バージョンです。この本の内容を知っていれば、特殊な処理がない限り別表4、5（1）、5（2）を書けるようになるはずです。

　また、若手スタッフは新規の関与先の担当となることも多いと思われますので、新規案件において注意したい点を盛り込んだ、法人の処理の注意点を第2部にて解説しています。「カフェでの読書がOJT」を目指して、会話形式で梅沢税理士が新人ふたりに説明するいつものスタイルですので、気負わずに読んでいただけるのではないでしょうか。「税理士事務所に入って3年以内に読む本」で書いた内容と重複する部分がありますが、「3年以内」以降規定が変わったり、もう少し詳しく、と思うところを加筆しています。

　今回も執筆にあたり、たくさんの方にお力添えをいただきました。税務研究会の中村隆広様、田中真裕美様、シリーズ全作品の相談に乗っていただいている税

理士資格保有者の花島恵様、お忙しい中、快くアドバイスくださった税理士の栗原洋介様、税理士の平井園様、税理士の鈴木まゆ子様、若手スタッフを代表して下読みしてくださった鈴木あさみ様。そして、監修してくださったベンチャーサポート税理士法人代表税理士　森健太郎様、執筆のための全面的なサポートをしてくださったベンチャーサポート相続税理士法人代表税理士　古尾谷裕昭様、本当にありがとうございました。心より感謝申し上げます。

　この本が読んでくださった皆様の、日々の業務の一助となりますように。

令和5年2月

税理士　高山　弥生

キャラクター紹介

松木 ひとみ

25歳。大学卒業後、一般企業に勤めていたが、税理士を志し、山田税理士事務所に入所。
大学時代に簿記を勉強していたこともあり、一般企業で働きながら簿記論と財務諸表論に合格した頑張り屋さん。

竹橋 ふみや

25歳。大学の経営学部を卒業した後、アルバイトをしながら勉強し、簿記論、財務諸表論、消費税法に合格している。
頭は良いが、ときどき本音が出てしまう。

梅沢 みきひさ

43歳。税理士になって15年以上のベテラン税理士。松木さんと竹橋くんの教育係。

目　次

第2部　知っておきたい基礎知識・周辺知識

本書は、令和5年2月15日現在の法令等に基づいています。
また、文中の意見部分は私見が含まれます。

第1部

法人税の
申告書を
書いてみる

第1章

赤字法人の
申告書

1 期目の申告書

赤字でも税金が発生する

㈱霧島は第1期で赤字会社だから、この他には税金が均等割だけで OK ね。

赤字なのに税金がかかるって、最初ビックリしたよ。法人の税金って利益に税率を掛けるって思っていたから均等割があるって驚いた。といいつつ、均等割って何なんだろう？

均等割は、その地域で事業を営んでいる法人は、行政サービスなどの恩恵にあずかっているから、負担してよね、という税金。寮や保養所がある場合にも、均等割だけは課税されるよ。

均等割を所管の都税事務所に申告して納付ですね。

そうそう、僕は東京23区内の関与先ばかりで、都に申告だけだったから、この間初めて埼玉県の関与先の申告書を作成したら、県と市、2か所に申告書を出すからこれもビックリしたんだよね。

そうか、竹橋くんは、ほぼ特別区の法人の申告だったんだね。

国税？ 地方税？

しかも、この均等割って正しくは法人税じゃなくて都道府県民税、市町村民税だし。

正しくは道府県民税だね。ふだんは県税とか府税とかいうかな。都民税は地方税法第734条で特例なんだよ。

そうなんですね。この都道府県民税と市町村民税、2つあわせて法人住民税って呼んだりするんだっけ？

そうなのよね。
一口に「法人税の申告」といっても、いろいろあるのよね。

まとめてみようか。

【申告の必要な税金の種類と申告先】

	税目	申告先	23区の場合
国税	法人税	税務署 （別表1）	税務署 （別表1）
	地方法人税		
	特別法人事業税	都道府県税事務所 （第6号様式）	都税事務所 （第6号様式、 第6号様式別表 4の3）
地方税	事業税		
	都道府県民税		
	市町村民税	市役所・町村役場 （第20号様式）	

まずは、地方法人税。国税なのに地方法人税！なぜ地方という名称がつく？　もう意味不明だよ。

地方法人税は、以前は地方税で、地方自治体が徴収していたものを、税率を変更して一部国に移行。国から各自治体に配分される地方交付税の財源とすることで、自治体間の財政格差の縮小を目的として平成26年10月1日以後に開始する事業年度から創設された税金。国が徴収しても、最終的には地方に収まる税金なので、地方法人税という名前になったみたいだね。

だから「地方」が先にくるのか。

別表1の下の部分が地方法人税。

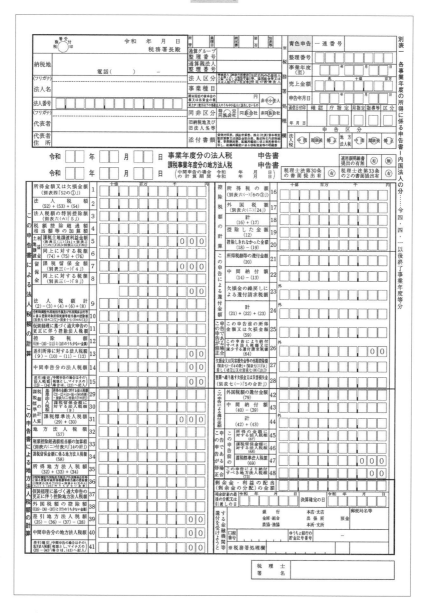

あとは特別法人事業税、事業税。特別法人事業税なんて国税なのに地方税の申告書に記載なのよね。

え、国税なの？

そうよ、事業税と一緒に納付だけど。

うわ、マジでごちゃごちゃする。

特別法人事業税は地方創生の推進、税源偏在の是正を目的として、事業税の一部を分離して国税化されたんだ。東京都は税源を一方的に奪われているとして、ホームページに東京都の見解を掲載しているよ。

都市部にしてみたら、税金吸い上げられて他の自治体にばらまかれちゃうんだもんなあ。ふるさと納税みたい。

本表はない

いつも不思議に思っているんですけど、別表1、2とかありますけど、「別」ってことは本表もあるんですか？　見たことないんですけど。

本表ってないんだよね。

ないの！？

法人税法施行規則で申告書の様式を定めていて、様式を別表で定めているんだ。法律って何かを定めて、具体的な列挙や様式を決めたものを「別表」っていって後ろに掲載しているんだよね。そのまま別表って呼んでるだけだよ。

そうなんですね。地方税は、第6号様式（法人住民税、法人事業税、特別法人事業税の申告書）は左側が事業税、特別法人事業税、右側に都民税。都じゃない場合は道府県民税。

東京都の特別区の場合はこれと第6号様式別表4の3（均等割額の計算に関する明細書）を出すけど、そうじゃない場合は第20号様式（法人市民税の申告書）が必要ですよね。

【申告の必要な税金の種類と申告先】

	税目	申告先	23区の場合
国税	法人税	税務署 （別表1）	税務署 （別表1）
	地方法人税		
地方税	特別法人事業税	都道府県税事務所 （第6号様式）	都税事務所 （第6号様式、 第6号様式別表 4の3）
	事業税		
	都道府県民税		
	市町村民税	市役所・町村役場 （第20号様式）	

第6号様式は都道府県に提出、これは慣れてるけど、第20号様式は市町村へ提出。

申告先が税務署の納付書

税金の納付は銀行で振込用紙を書いてもダメなんだよね。
この納付書を持っていかないと。

納付は、国税の場合は金融機関又は税務署の納付窓口で、地方
税の場合は金融機関又は役所でできるけど、最近は電子納付も
広まってきているわね。

【法人税の納付書】

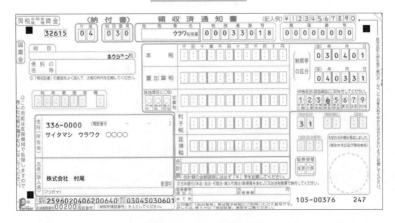

【地方法人税の納付書】

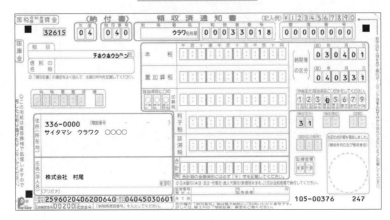

均等割　特別区の場合

均等割に話を戻そうか。均等割は都道府県民税分と市町村民税分があるけれど、特別区（23区）は特例。市町村民税相当分もあわせて都民税として納付する。

従業者数と資本金等の額によって税額が変わるのはどこも一緒だね。

特別区内のみに事務所等を有する法人の均等割額

・2以上の特別区に事務所等を有する場合は、主たる事務所等所在の特別区の均等割額に、従たる事務所等所在の特別区の数に応じた均等割額を加算します。

(年額、単位：円)

法人の区分等			主たる事務所等が所在する特別区（道府県分＋特別区分）		従たる事務所等が所在する特別区（特別区分）	
			特別区内の従業者数	均等割額	特別区内の従業者数	均等割額
公共法人、公益法人等 など			—	70,000	—	50,000
上記以外の法人	資本金等の額	1千万円以下	50人以下	70,000	50人以下	50,000
			50人超	140,000	50人超	120,000
		1千万円超〜1億円以下	50人以下	180,000	50人以下	130,000
			50人超	200,000	50人超	150,000
		1億円超〜10億円以下	50人以下	290,000	50人以下	160,000
			50人超	530,000	50人超	400,000
		10億円超〜50億円以下	50人以下	950,000	50人以下	410,000
			50人超	2,290,000	50人超	1,750,000
		50億円超〜	50人以下	1,210,000	50人以下	410,000
			50人超	3,800,000	50人超	3,000,000

(出典：東京都主税局「均等割額の計算に関する明細書(第6号様式別表4の3)記載の手引」)

均等割は月割計算

じゃあ……㈱霧島は、資本金300万円で従業者数は3人。事務所等は新宿区だけだから。

竹橋くんの書いた仕訳

法人税、住民税及び事業税　70,000　／　未払法人税等　70,000

ちょっと待って。㈱霧島、第1期はいつからいつ？

X1年5月21日からX2年3月31日です。

そうすると、均等割は月割計算をしなきゃだよ。

あ、そうか。

月数の算定は、暦にしたがって計算。1月に満たない端数が生じたときは切捨て。その期間の全部が1月に満たないときは、1月とするよ。

その期間の全部が1月に満たない？

設立日が3月2日で決算日が3月31日とかね。

㈱霧島の場合は、5月は1月に満たないから切り捨てて、10か月。

（年額×事務所等を有していた月数）÷12で計算した額に100円未満が出たら切り捨てるよ。

（70,000 × 10）÷ 12 = 58,333.333……
切り捨てると58,300円。

法人税、住民税及び事業税　58,300　／　未払法人税等　58,300

この数字を第6号様式と第6号様式別表4の3に記入するよ。

【第6号様式別表4の3】

均等割額の計算に関する明細書

事業年度又は連結事業年度	X1・5・21 X2・3・31	法人名	㈱霧島

事務所、事業所又は寮等(事務所等)の従業者数の明細

東京都内における主たる事務所等の所在地	事務所等を有していた月数	従業者数の合計数
新宿区新宿 ○-○-○	10 月	3 人

特別区内における従たる事務所等

	所在地	名称(外箇所)	月数	従業者数の合計数
1	千代田区			人
2	中央区			
3	港　区			
4	新宿区			
5	文京区			
6	台東区			
7	墨田区			
8	江東区			
9	品川区			
10	目黒区			
11	大田区			
12	世田谷区			
13	渋谷区			
14	中野区			
15	杉並区			
16	豊島区			
17	北　区			
18	荒川区			
19	板橋区			
20	練馬区			
21	足立区			
22	葛飾区			
23	江戸川区			
	合　計 (主たる事務所等の従業者数の合計数を含む。)			3

市町村の存する区域内における従たる事務所等

	名称(外箇所)	所在地
市町村		市町村

当該事業年度又は連結事業年度(算定期間)中の従たる事務所等の設置・廃止及び主たる事務所等の異動

異動区分	異動の年月日	名称	所在地
設置	・・		
廃止	・・		
旧の主たる事務所等	・・ (　月)		

均等割額の計算

区分		税率(年額)(ア)	月数(イ)	区数(ウ)	税額計算 (ア)×(イ)÷12)×(ウ)
特別区のみに事務所等を有する場合	主たる事務所所在の特別区 事務所等の従業者数 50人超 ①	円	月		0 0 円
	事務所等の従業者数 50人以下②	7 0 0 0 0 1 0			5 8 3 0 0
	従たる事務所等所在の特別区 事務所等の従業者数 50人超 ③				0 0
	事務所等の従業者数 50人以下④				0 0
特別区と市町村に事務所等を有する場合	道府県分 ⑤				0 0
	特別区(市町村分) 事務所等の従業者数 50人超 ⑥				0 0
	事務所等の従業者数 50人以下 ⑦				0 0
納付すべき均等割額 ①+②+③+④ 又は ⑤+⑥+⑦ ⑧					5 8 3 0 0

備考

【第6号様式】

			兆	十億	百万	千	円
均	算定期間中において事務所等を有していた月数	⑯				1 0	月
等	円×⑯/12	⑰				5 8 3	0 0
割	既に納付の確定した当期分の均等割額	⑱					0 0
額	この申告により納付すべき均等割額 ⑰－⑱	⑲				5 8 3	0 0
	この申告により納付すべき都民税額 ⑮＋⑲	⑳					0 0
	⑳のうち見込納付額	㉑					
	差 引 ⑳－㉑	㉒				5 8 3	0 0

⑰の左側、「円」の前は空欄でいいの？

特別区の場合、⑰は第6号様式別表4の3⑧の数字をうつすからね。

■ 均等割 特別区と市町村に事務所がある場合

もし、㈱霧島が新宿区の他に東京都町田市に従たる事務所等を持っていたらどうなる？ 従業者数は50人以下で考えてみよう。

新宿区へは、新宿区のみのケースと同じ申告になると思うんですけど……。

【都に申告する分】

特別区と市町村に事務所等を有する法人の均等割額

・道府県分の均等割額と、事務所等が所在する特別区の数に応じた特別区分の均等割額を合算します。

(年額、単位：円)

法人の区分等			道府県分	特別区分	
				特別区内の従業者数	均等割額
公共法人、公益法人等 など			20,000	―	50,000
上記以外の法人	資本金等の額	1千万円以下	20,000	50人以下	50,000
				50人超	120,000
		1千万円超～1億円以下	50,000	50人以下	130,000
				50人超	150,000
		1億円超～10億円以下	130,000	50人以下	160,000
				50人超	400,000
		10億円超～50億円以下	540,000	50人以下	410,000
				50人超	1,750,000
		50億円超～	800,000	50人以下	410,000
				50人超	3,000,000

(出典：東京都主税局「均等割額の計算に関する明細書（第6号様式別表4の3）記載の手引」)

道府県分 （20,000 × 10） ÷ 12 ＝ 16,666.666……16,600 円
特別区分 （50,000 × 10） ÷ 12 ＝ 41,666.666……41,600 円

合計 58,200 円

法人税、住民税及び事業税　58,200　／　未払法人税等　58,200

あれ？　税額が 100 円違うわ。

特別区のみに事務所等を有する場合は 7 万円をベースに計算するけれど、特別区と市町村に事務所等を有する場合は道府県分と特別区を分けて計算するからね。

【第6号様式別表4の3】

（right margin, vertical）
第六号様式別表四の三

均等割額の計算に関する明細書	事業年度 又は連結 事業年度	X1・5・21 X2・3・31	法人名	㈱霧島

事務所、事業所又は寮等（事務所等）の従業者数の明細

東京都内における主たる 事務所等の所在地	事務所等を有 していた月数	従業者数の 合計数
新宿区新宿 ○-○-○	10 月	3 人

特別区内における従たる事務所等

	所在地	名称（外箇所）	月数	従業者数の合計数
1	千代田区			人
2	中央区			
3	港 区			
4	新宿区			
5	文京区			
6	台東区			
7	墨田区			
8	江東区			
9	品川区			
10	目黒区			
11	大田区			
12	世田谷区			
13	渋谷区			
14	中野区			
15	杉並区			
16	豊島区			
17	北 区			
18	荒川区			
19	板橋区			
20	練馬区			
21	足立区			
22	葛飾区			
23	江戸川区			
	合 計 （主たる事務所等の従業者数の合計数を含む。）			3

市町村の存する区域内における従たる事務所等

	名 称（外箇所）	所 在 地
	町田支店	町田市○○ 1-1-1

当該事業年度又は連結事業年度（算定期間）中の従たる事務所等の設置・廃止及び主たる事務所等の異動

異動区分	異動の年月日	名 称	所 在 地
設置	・ ・		
廃止	・ ・		
旧の主たる事務所等	・ ・ （ 月）		

均等割額の計算

区 分			税率（年額）(ｱ)	月数(ｳ)	区数(ｳ)	税額計算 ((ｱ)×(ｲ)÷12)×(ｳ)
特別区のみに事務所等を有する場合	主たる事務所等所在の特別区	事務所等の従業者数 50人超 ①	円	月		円 0 0
		事務所等の従業者数 50人以下②				0 0
	従たる事務所等所在の特別区	事務所等の従業者数 50人超 ③				0 0
		事務所等の従業者数 50人以下④				0 0
特別区と市町村に事務所等を有する場合	道府県分 ⑤		20000	10		16600
	特別区（市町村分）	事務所等の従業者数 50人超 ⑥				0 0
		事務所等の従業者数 50人以下 ⑦	50000	10	1	41600
納付すべき均等割額 ①+②+③+④ 又は ⑤+⑥+⑦ ⑧						58200

備考

18　第1部　法人税の申告書を書いてみる

【第6号様式】

			兆	十億	百万	千	円
均等割額	算定期間中において事務所等を有していた月数	⑯					１０ 月
	円×⑯/12	⑰				５８２	００
	既に納付の確定した当期分の均等割額	⑱					００
	この申告により納付すべき均等割額　⑰−⑱	⑲				５８２	００
	この申告により納付すべき都民税額　⑮+⑲	⑳				５８２	００
	⑳のうち見込納付額	㉑					
	差　引　　⑳−㉑	㉒				５８２	００

それにプラスして、町田市に均等割を納める。

【町田市に申告する分】

町田市の均等割税率表

資本金等の金額	市内従業者総数	税率
50億円を超える法人	50人超	300万円
50億円を超える法人	50人以下	41万円
10億円を超え50億円以下の法人	50人超	175万円
10億円を超え50億円以下の法人	50人以下	41万円
1億円を超え10億円以下の法人	50人超	40万円
1億円を超え10億円以下の法人	50人以下	16万円
1千万円を超え1億円以下の法人	50人超	15万円
1千万円を超え1億円以下の法人	50人以下	13万円
1千万円以下の法人	50人超	12万円
1千万円以下の法人	50人以下	5万円
上記に掲げる法人以外の法人等	従業者数による区別なし	5万円

$$(50{,}000 \times 10) \div 12 = 41{,}666.666\cdots\cdots41{,}600\,円$$

法人税、住民税及び事業税　41,600　／　未払法人税等　41,600

【第 20 号様式】

<table>
<tr><td colspan="4">X1 年 5 月 21 日から　　X2 年 3 月 31 日までの</td><td>事業年度分又は
連結事業年度分</td><td>の 市 民 税 の</td><td colspan="2">確定 申告書</td></tr>
<tr><td colspan="5" rowspan="2">摘　　要</td><td rowspan="2">課 税 標 準
（　　円　　）</td><td colspan="2">法 人 税 割 額</td></tr>
<tr><td>税率</td><td>税額（円）</td></tr>
<tr><td colspan="4">（ 使 途 秘 匿 金 税 額 等 ）
法人税法の規定によって計算した法人税額</td><td>①</td><td>（　　　　）</td><td>(一)／100</td><td></td></tr>
<tr><td colspan="4">試験研究費の額等に係る法人税額の特別控除額</td><td>②</td><td></td><td></td><td></td></tr>
<tr><td colspan="4">還付法人税額等の控除額</td><td>③</td><td></td><td></td><td></td></tr>
<tr><td colspan="4">退職年金等積立金に係る法人税額</td><td>④</td><td></td><td></td><td></td></tr>
<tr><td colspan="4">課税標準となる法人税額又は個別帰属法人税額及びその法人税割額 ①+②-③+④</td><td>⑤</td><td></td><td></td><td>0</td></tr>
<tr><td colspan="4">2以上の市町村に事務所又は事業所を有する法人における課税標準
となる法人税額又は個別帰属法人税額及びその法人税割額 (⑤/㉒×㉓)</td><td>⑥</td><td></td><td></td><td>0</td></tr>
<tr><td colspan="4">市町村民税の特定寄附金税額控除額</td><td>⑦</td><td></td><td></td><td></td></tr>
<tr><td colspan="4">外国関係会社等に係る控除対象所得税額等相当額又は個別控除対象所得税額等相当額の控除額</td><td>⑧</td><td></td><td></td><td></td></tr>
<tr><td colspan="4">外国の法人税等の額の控除額</td><td>⑨</td><td></td><td></td><td></td></tr>
<tr><td colspan="4">仮装経理に基づく法人税割額の控除額</td><td>⑩</td><td></td><td></td><td></td></tr>
<tr><td colspan="4">差引法人税割額 ⑤-⑦-⑧-⑩又は⑥-⑦-⑧-⑩</td><td>⑪</td><td></td><td></td><td></td></tr>
<tr><td colspan="4">既に納付の確定した当期分の法人税割額</td><td>⑫</td><td></td><td></td><td></td></tr>
<tr><td colspan="4">租税条約の実施に係る法人税割額の控除額</td><td>⑬</td><td></td><td></td><td></td></tr>
<tr><td colspan="4">この申告により納付すべき法人税割額⑪-⑫-⑬</td><td>⑭</td><td></td><td></td><td>0</td></tr>
<tr><td rowspan="4">均
等
割
額</td><td colspan="3">算定期間中において事務所等を有していた月数</td><td>⑮</td><td>10 月 50,000 円×⑮/12</td><td>⑯</td><td></td><td>41,600</td></tr>
<tr><td colspan="3">既に納付の確定した当期分の均等割額</td><td colspan="2"></td><td>⑰</td><td></td></tr>
<tr><td colspan="3">この申告により納付すべき均等割額 ⑯-⑰</td><td colspan="2"></td><td>⑱</td><td>41,600</td></tr>
<tr><td colspan="5">この申告により納付すべき市町村民税額 ⑭+⑱</td><td></td><td>⑲</td><td>41,600</td></tr>
<tr><td colspan="5">⑲のうち見込納付額</td><td></td><td>⑳</td><td></td></tr>
<tr><td colspan="5">差引 ⑲-⑳</td><td></td><td>㉑</td><td>41,600</td></tr>
</table>

特別区ではない場合

もし、特別区がなくて東京都町田市だけだった場合は埼玉県の
ときと同じ？

そうなるね。特別区じゃないからね。

【都に申告する分】

市町村のみに事務所等を有する法人の均等割額

（年額、単位：円）

法人の区分等			道府県分
公共法人、公益法人等 など			20,000
上記以外の法人	資本金等の額	1千万円以下	20,000
		1千万円超～1億円以下	50,000
		1億円超～10億円以下	130,000
		10億円超～50億円以下	540,000
		50億円超～	800,000

（出典：東京都主税局「均等割額の計算に関する明細書（第6号様式別表4の3）記載の手引」）

【町田市に申告する分】

町田市の均等割税率表

資本金等の金額	市内従業者総数	税率
50億円を超える法人	50人超	300万円
50億円を超える法人	50人以下	41万円
10億円を超え50億円以下の法人	50人超	175万円
10億円を超え50億円以下の法人	50人以下	41万円
1億円を超え10億円以下の法人	50人超	40万円
1億円を超え10億円以下の法人	50人以下	16万円
1千万円を超え1億円以下の法人	50人超	15万円
1千万円を超え1億円以下の法人	50人以下	13万円
1千万円以下の法人	50人超	12万円
1千万円以下の法人	50人以下	5万円
上記に掲げる法人以外の法人等	従業者数による区別なし	5万円

道府県分（20,000 × 10）÷ 12 = 16,666.666……16,600 円
市民税分（50,000 × 10）÷ 12 = 41,666.666……41,600 円

合計 58,200 円

法人税、住民税及び事業税　58,200　／　未払法人税等　58,200

【第6号様式】

			兆			十億			百万			千			円
均	算定期間中において事務所等を有していた月数	⑯									１	０	月		
等	20,000円×⑯/12	⑰											１	６	６	０	０
割	既に納付の確定した当期分の均等割額	⑱														０	０
額	この申告により納付すべき均等割額　⑰−⑱	⑲											１	６	６	０	０
	この申告により納付すべき都民税額　⑮＋⑲	⑳											１	６	６	０	０
	⑳のうち見込納付額	㉑															
	差　引　⑳−㉑	㉒											１	６	６	０	０

【第 20 号様式】

摘　　要		課税標準 （円）	法人税割額	
			税率	税額（円）
（使途秘匿金税額等） 法人税法の規定によって計算した法人税額	①	（　　　　　　　）	$\frac{(\quad)}{100}$	
試験研究費の額等に係る法人税額の特別控除額	②			
還付法人税額等の控除額	③			
退職年金等積立金に係る法人税額	④			
課税標準となる法人税額又は個別帰属法人税額及びその法人税割額　①+②-③+④	⑤			0
2以上の市町村に事務所又は事業所を有する法人における課税標準 となる法人税額又は個別帰属法人税額及びその法人税割額　（$\frac{⑤}{⑥}$×㉒）	⑥			0
市町村民の特定寄附金税額控除額	⑦			
外国関係会社等に係る控除対象所得税額等相当額又は個別控除対象所得税額等相当額の控除額	⑧			
外国の法人税等の控除額	⑨			
仮装経理に基づく法人税割額の控除額	⑩			
差引法人税割額　⑤-⑦-⑧-⑩又は⑥-⑦-⑨-⑩	⑪			0
既に納付の確定した当期分の法人税割額	⑫			
租税条約の実施に係る法人税割額の控除額	⑬			
この申告により納付すべき法人税割額⑪-⑫-⑬	⑭			0
均等割額	算定期間中において事務所等を有していた月数	⑮	10 月 50,000 円×$\frac{⑮}{12}$	⑯ 41,600
	既に納付の確定した当期分の均等割額			⑰
	この申告により納付すべき均等割額　⑯-⑰			⑱ 41,600
この申告により納付すべき市町村民税額　⑭+⑱				⑲ 41,600
⑲のうち見込納付額				⑳
差引　⑲-⑳				㉑ 41,600

XI 年 5 月 21 日から　X2 年 3 月 31 日まで　事業年度分又は連結事業年度分　の市民税の　確定　申告書

別表4

赤字法人の地方税額が出たら、それをふまえて法人税の申告書を作るよ。

法人税の計算で一番大切なのはなんといっても別表4。早速見てみよう。

【別表４】

所得の金額の計算に関する明細書（簡易様式）
事業年度 X1・5・21 〜 X2・3・31
法人名 ㈱霧島

別表四（簡易様式）令四・四・一以後終了事業年度分

区分		総額 ①	処分 留保 ②	処分 社外流出 ③	
当期利益又は当期欠損の額	1	△1,958,371 円	△1,958,371 円	配当	
				その他	
加算	損金経理をした法人税及び地方法人税（附帯税を除く。）	2			
	損金経理をした道府県民税及び市町村民税	3			
	損金経理をした納税充当金	4	58,300	58,300	
	損金経理をした附帯税（利子税を除く。）、加算金、延滞金（延納分を除く。）及び過怠税	5			その他
	減価償却の償却超過額	6			
	役員給与の損金不算入額	7			その他
	交際費等の損金不算入額	8			その他
	通算法人に係る加算額（別表四付表「5」）	9			外※
		10			
	小　計	11	58,300	58,300	外※
減算	減価償却超過額の当期認容額	12			
	納税充当金から支出した事業税等の金額	13			
	受取配当等の益金不算入額（別表八（一）「13」又は「26」）	14			※
	外国子会社から受ける剰余金の配当等の益金不算入額（別表八（二）「26」）	15			※
	受贈益の益金不算入額	16			※
	適格現物分配に係る益金不算入額	17			※
	法人税等の中間納付額及び過誤納に係る還付金額	18			
	所得税額等及び欠損金の繰戻しによる還付金額等	19			※
	通算法人に係る減算額（別表四付表「10」）	20			※
		21			
	小　計	22			外※
仮　計 (1)+(11)-(22)	23	△1,900,071	△1,900,071	外※	0
対象純支払利子等の損金不算入額（別表十七（二の二）「29」又は「34」）	24			その他	
超過利子額の損金算入額（別表十七（二の三）「10」）	25	△		※	△
仮　計 ((23)から(25)までの計)	26	△1,900,071	△1,900,071	外※	0
寄附金の損金不算入額（別表十四（二）「24」又は「40」）	27			その他	
法人税額から控除される所得税額（別表六（一）「6の③」）	29	18,071		その他	18,071
税額控除の対象となる外国法人税の額（別表六（二の二）「7」）	30			その他	
分配時調整外国税相当額及び外国関係会社等に係る控除対象所得税額等相当額（別表六（五の二）「5の②」＋別表十七（三の六）「1」）	31			その他	
合　計 (26)+(27)+(29)+(30)+(31)	34	△1,882,000	△1,900,071	外※	18,071
中間申告における繰戻しによる還付に係る災害損失欠損金額の益金算入額	37			※	
非適格合併又は残余財産の全部分配等による移転資産等の譲渡利益額又は譲渡損失額	38			※	
差　引　計 (34)+(37)+(38)	39	△1,882,000	△1,900,071	外※	18,071
更生欠損金又は民事再生等評価換えが行われる場合の再生等欠損金の損金算入額（別表七（三）「9」又は「21」）	40	△		※	△
通算対象欠損金額の損金算入額又は通算対象所得金額の益金算入額（別表七の二「5」又は「11」）	41			※	
差　引　計 (39)+(41)	43	△1,882,000	△1,900,071	外※	18,071
欠損金又は災害損失金等の当期控除額（別表七（一）「4の計」＋別表七（四）「10」）	44	△		※	△
総　計 (43)+(44)	45	△1,882,000	△1,900,071	外※	18,071
残余財産の確定の日の属する事業年度に係る事業税及び特別法人事業税の損金算入額	51		△		
所得金額又は欠損金額	52	△1,882,000	△1,900,071	外※	18,071

御注意
21
沖縄の認定法人の課税の特例等の規定の適用を受ける法人にあっては、別様式による別表四を御使用ください。
「52」の「①」欄の金額は、「②」欄の金額に「③」欄の金額を加減算した額と符合することになります。
「52」の「①」欄の金額は、「②」欄の金額に「③」欄の本書の金額を加算し、これから「※」の金額を加減算した額と符合することになります。

㊞（簡）

すいません、そもそもなんですが、この別表4って何のために作ってるんですか？

そうか、まだ説明したことなかったよね。簡単にいうと、法人税の税金の対象になる「法人税法上の利益」を計算するためなんだ。

法人税法上の利益？？
利益って収益から費用を引いて計算するんですよね。

うん、そうだね。売上などの収益から、人件費や消耗品費なんかの費用を引いて、残ったのが利益。でも、そうやって計算した利益にそのまま法人税の税率を掛けて、税額を計算するわけじゃないんだよ。

？

減価償却は法定償却方法が決められているけれど、会社によって違う償却方法の方が実態に即しているから、会計上は税法で定められた法定償却方法ではない方法を採用したい、ということもある。

でも、法人税は法人税法のルールにのっとって計算しなくてはならないから、会計で計上した減価償却費の額を、法定の額に直すのがこの別表4なの。

そう、正解。
法人税法第22条でいう「別段の定め」に該当するものだね。

松木さんすごいな。

松木さんは法人税法を勉強してるからね。会計の利益と、法人税法上の利益にはズレがある。ちょっと別表4を見てみて。一番上が「当期利益又は当期欠損の額」、一番下が「所得金額又は欠損金額」ってなってるでしょ。

はい。

所得金額又は欠損金額っていうのが、法人税を計算するときの利益や損失のことなんだ。別表4は、会計の利益や損失を法人税法上の利益や損失、つまり所得や欠損金額に直すものなんだ。直すことを**調整**っていうよ。

別表4は会計の利益を法人税法上の所得に変換する表なのか。

ちょっと用語も覚えておこう。法人税で収益のように考えるものを**益金**というよ。逆に法人税で費用のように考えるものを**損金**っていうんだ。

加算という欄では、会計では費用になったけど、法人税では損金と認めないものや、会計では収益じゃなかったけど、法人税では益金と考えるものなんかを入れる。

会計上費用でも税務上は損金とならないものが損金（−）不算入（−）。会計上は収益でないのに税務上は益金とするものが益金（＋）算入（＋）。

僕はこんな風に覚えたよ。

【加算欄に記載するもの】

損金不算入 （−）×（−）=（＋）

益金算入　　（＋）×（＋）=（＋）

逆に減算の欄では、会計では費用と認めなかったけど法人税法では損金とするものとか、会計では収益と考えたけど、法人税法では益金としないものを入れる。

会計上は費用にならなくても税務上は損金のものが損金（−）算入（＋）。会計上は収益でも税務上は益金とならないものを益金（＋）不算入（−）。

【減算欄に記載するもの】

損金算入　　（−）×（＋）=（−）

益金不算入 （＋）×（−）=（−）

よく出てくるのは損金不算入。あと、損金算入も出てくるね。でも、他はさほどでもないから、この2つを押さえてくれればいいよ。

加算欄、減算欄の下にもまだまだ欄があるけれど？

仮計以下は、特定の加減算項目だよ。この内容が出てきたときはこの欄に記載してね、って決まっているんだ。そして、総額①のところに△がついていれば減算、ついていなければ加算する。

費用と損金の違い

会計上の費用と税務上の損金って何が違うんだろう？

そんなに大きな違いはないんだ。売上原価、販管費、営業外費用、特別損失、このあたりは会計上は費用だし税務上は損金。でも法人税、住民税及び事業税（以下「法・住・事」）は会計上は費用だけど、税務上は損金にならない。

あれ？　法・住・事って会計上の費用なの？

だって、税引後当期純利益は法・住・事を負担した後の利益でしょ？　利益がその分小さくなっているんだから費用でしょ。

そうか。利益を減らしてるもんね。費用だ。でも、税務上は損金にならない？

なんで法人税って損金にならないのかしら？損金不算入って習ったからそう覚えているけど。

戦前は損金になっていたんだけどね。

え？

損金というのは税法上益金から差し引いていいもの。税金を計算するときに税金が減る方に作用するもの。

例えば、固定資産税なんかは費用になるし、もちろん損金になる。延滞税は費用だけど、損金じゃない。どちらも税金なんだけど延滞税が損金にならないのは、期限までに納付しなかったということで払ったものを損金にして税金が減るのはおかしいからだよ。

【損金不算入となる税金】

法人税、住民税、延滞税、過少申告加算税、重加算税など

【損金算入となる税金】

固定資産税、不動産取得税、印紙税、自動車税、

事業税（申告時に損金）など

じゃあ、なんで法人税は損金にならないのかしら？
まさか儲けたことが悪いことなの？

それはないよ。戦争のときに損金算入から損金不算入に変わったんだけど、課税ベースを拡大したかったんだよ。損金にしなければその分所得が増えるんだからね。

なるほど。でも昔、所得税は働いて稼いだことへの罰金で、消費税はモノを買うことへの罰金だなんて言ってる人がいたよ。

損金算入は、「未払法人税を取り崩して納付した前期確定分の事業税」と「中間申告の事業税」と「欠損金の繰越控除」を覚えておけばとりあえずOK。

あれ？ 事業税って損金にならないんじゃないの？

 事業税は行政サービスのコストという要素があって、損金算入できる。できるんだけど、未払計上したときにはまだ損金にできない。

 どうして事業税は未払計上したときの損金にならないの？

 事業税の債務確定する日が申告した時だからだよ。
法人税法は、債務の確定した費用に限り損金とするからね。

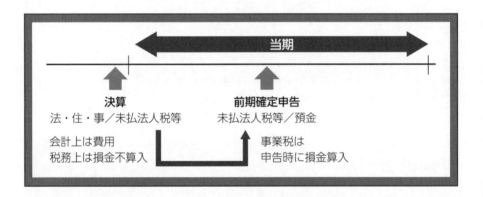

損金経理

 ついでに説明しておきたいのが「損金経理」。株主総会の承認を受ける決算書において費用又は損失として経理することをいうよ。減価償却費なんかは、税務上損金として認められるには損金経理が必要とされている。

損益計算書に減価償却費が計上されているってことよ。そうじゃないと損金にならないの。もし、税務上100円の減価償却が可能な事業年度に、80円しか損金経理していなかったら、税務上も80円までしか損金にならないの。

税務上の枠はまだ残っているのにダメなんだ。厳しいなあ。

損金経理は会社が損金にしたいという意思表示なので、損金経理した金額しか、税務上は損金にならないんだよ。

別表4の簡易様式って？

梅沢先輩、私、別表4が2種類あるのが気になってるんですけど。

調整項目の数が少なくなっているのが簡易様式なんだ。簡易様式は、番号が飛んでるところがあるでしょ？

ほんとだ。28がない。

その下もない欄があるわ。32、33、35、36、42、46から50までない。

これ、どっちを使うべきなんですか？

省略されている欄の調整項目がない場合は、簡易様式でいいんだよ。

【別表４】

事業年度　　・　・　　　法人名

御注意　「52」の「③」欄の金額は、「②」欄の金額に「③」欄の本書の金額を加算し、これから「※」の金額を加算した金額と符合することになります。

区　分		総額 ①	処分		
			留保 ②	社外流出 ③	
当 期 利 益 又 は 当 期 欠 損 の 額	1	円	円	配　当	円
				その他	
加算	損金経理をした法人税及び地方法人税（附帯税を除く。）	2				
	損 金 経 理 を し た 道 府 県 民 税 及 び 市 町 村 民 税	3				
	損 金 経 理 を し た 納 税 充 当 金	4				
	損金経理をした附帯税（利子税を除く。）、加算金、延滞金（延納分を除く。）及び過怠税	5			その他	
	減 価 償 却 の 償 却 超 過 額	6				
	役 員 給 与 の 損 金 不 算 入 額	7			その他	
	交 際 費 等 の 損 金 不 算 入 額	8			その他	
	通 算 法 人 に 係 る 加 算 額（別表四付表「5」）	9			外※	
		10				
	小　　　　計	11			外※	
減算	減 価 償 却 超 過 額 の 当 期 認 容 額	12				
	納 税 充 当 金 か ら 支 出 し た 事 業 税 等 の 金 額	13				
	受 取 配 当 等 の 益 金 不 算 入 額（別表八(一)「13」又は「26」）	14			※	
	外国子会社から受ける剰余金の配当等の益金不算入額（別表八(二)「26」）	15			※	
	受 贈 益 の 益 金 不 算 入 額	16			※	
	適 格 現 物 分 配 に 係 る 益 金 不 算 入 額	17			※	
	法人税等の中間納付額及び過誤納に係る還付金額	18				
	所 得 税 額 等 及 び 欠 損 金 の 繰 戻 し に よ る 還 付 金 額 等	19			※	
	通 算 法 人 に 係 る 減 算 額（別表四付表「10」）	20			※	
		21				
	小　　　　計	22			外※	
仮　　　計 (1)＋(11)－(22)	23			外※	
対 象 純 支 払 利 子 等 の 損 金 不 算 入 額（別表十七(二の二)「29」又は「34」）	24			その他	
超 過 利 子 額 の 損 金 算 入 額（別表十七(二の三)「10」）	25	△		※	△
仮　　計 (23)から(25)までの計	26			外※	
寄 附 金 の 損 金 不 算 入 額（別表十四(二)「24」又は「40」）	27			その他	
沖縄の認定法人又は国家戦略特別区域における指定法人の所得の特別控除額又は益金算入額（別表十(一)「15」若しくは別表十(二)「10」又は別表十(一)「16」若しくは別表十(二)「11」）	28			※	
法 人 税 額 か ら 控 除 さ れ る 所 得 税 額（別表六(一)「6の③」）	29			その他	
税 額 控 除 の 対 象 と な る 外 国 法 人 税 の 額（別表六(二の二)「7」）	30			その他	
分配時調整外国税相当額及び外国関係会社等に係る控除対象所得税額等相当額（別表六(五の二)「5の②」＋別表十七(三の六)「1」）	31			その他	
組合等損失額の損金不算入額又は組合等損失超過合計額の損金算入額（別表九「10」）	32				
対外船舶運航事業者の日本船舶による収入金額に係る所得の金額の損金算入額又は益金算入額（別表十(四)「20」、「21」又は「23」）	33			※	
合　　計 (26)＋(27)±(28)＋(29)＋(30)＋(31)＋(32)±(33)	34			外※	
契 約 者 配 当 の 益 金 算 入 額（別表九(一)「13」）	35				
特定目的会社等の支払配当又は特定目的信託に係る受託法人の利益の分配等の損金算入額（別表十(八)「13」、(九)「11」又は別表十(十)「16」若しくは「33」）	36	△	△		
中間申告における繰戻しによる還付に係る災害損失欠損金額の益金算入額	37			※	
非適格合併又は残余財産の全部分配等による移転資産等の譲渡利益額又は譲渡損失額	38			※	
差　　引　　計 (34)から(38)までの計	39			外※	
更生欠損金又は民事再生等評価換えが行われる場合の再生等欠損金の損金算入額（別表七(三)「9」又は「21」）	40	△		※	△
通算対象欠損金額の損金算入額又は通算対象所得金額の益金算入額（別表七の三「5」又は「11」）	41			※	
当 初 配 賦 欠 損 金 控 除 額 の 益 金 算 入 額（別表七(二)付表一「23の計」）	42			※	
差　　引　　計 (39)＋(40)±(41)＋(42)	43			外※	
欠 損 金 又 は 災 害 損 失 金 等 の 当 期 控 除 額（別表七(一)「4の計」＋別表七(四)「10」）	44	△		※	△
総　　　　計 (43)＋(44)	45			外※	
新鉱床探鉱費又は海外新鉱床探鉱費の特別控除額（別表十(三)「43」）	46	△		※	△
農 業 経 営 基 盤 強 化 準 備 金 積 立 額 の 損 金 算 入 額（別表十二(十四)「10」）	47	△	△		
農用地等を取得した場合の圧縮額の損金算入額（別表十二(十四)「43の計」）	48	△	△		
関西国際空港用地整備準備金積立額、中部国際空港整備準備金積立額又は再投資等準備金積立額の損金算入額（別表十二(十一)「15」、別表十二(十二)「10」又は別表十二(十五)「12」）	49	△	△		
特別新事業開拓事業者に対し特定事業活動として出資をした場合の特別勘定繰入額の損金算入額又は特別勘定取崩額の益金算入額（別表十(六)「15」－「11」）	50			※	
残余財産の確定の日の属する事業年度に係る事業税及び特別法人事業税の損金算入額	51	△	△		
所 得 金 額 又 は 欠 損 金 額	52			外※	

第1章　赤字法人の申告書　33

【別表４（簡易様式）】

所得の金額の計算に関する明細書（簡易様式）

事業年度	・ ・ ・ ・	法人名	

別表四（簡易様式）令四・四・一以後終了事業年度分

御注意

２１

〔52〕の「①」欄の金額は、「②」欄の金額に「③」欄の金額を加算し、これから「※」の金額を加減算した額と符合することになります。

沖縄の認定法人の課税の特例等の規定の適用を受ける法人にあっては、別様式による別表四を御使用ください。

区　　分		総　　額	処　　　　　　　　分		
			留　　保	社　外　流　出	
		①	②	③	
当期利益又は当期欠損の額	1	円	円	配　当	円
				その他	
加算	損金経理をした法人税及び地方法人税（附帯税を除く。）	2				
	損金経理をした道府県民税及び市町村民税	3				
	損金経理をした納税充当金	4				
	損金経理をした附帯税（利子税を除く。）、加算金、延滞金（延納分を除く。）及び過怠税	5			その他	
	減価償却の償却超過額	6				
	役員給与の損金不算入額	7			その他	
	交際費等の損金不算入額	8			その他	
	通算法人に係る加算額（別表四付表「5」）	9			外※	
		10				
	小　　　　計	11			外※	
減算	減価償却超過額の当期認容額	12				
	納税充当金から支出した事業税等の金額	13				
	受取配当等の益金不算入額（別表八（一）「13」又は「26」）	14			※	
	外国子会社から受ける剰余金の配当等の益金不算入額（別表八（二）「26」）	15			※	
	受贈益の益金不算入額	16			※	
	適格現物分配に係る益金不算入額	17			※	
	法人税等の中間納付額及び過誤納に係る還付金額	18				
	所得税額等及び欠損金の繰戻しによる還付金額等	19			※	
	通算法人に係る減算額（別表四付表「10」）	20			※	
		21				
	小　　　　計	22			外※	
仮　　　計 (1)＋(11)－(22)	23			外※	
対象純支払利子等の損金不算入額（別表十七（二の二）「29」又は「34」）	24			その他	
超過利子額の損金算入額（別表十七（二の三）「10」）	25	△		※	△
仮　　　計 ((23)から(25)までの計)	26			外※	
寄附金の損金不算入額（別表十四（二）「24」又は「40」）	27			その他	
法人税額から控除される所得税額（別表六（一）「6の③」）	29			その他	
税額控除の対象となる外国法人税の額（別表六（二の二）「7」）	30			その他	
分配時調整外国税相当額及び外国関係会社等に係る控除対象所得税額等相当額（別表六（五の二）「5の②」）＋（別表十七（三の六）「1」）	31			その他	
合　　　　計 (26)＋(27)＋(29)＋(30)＋(31)	34			外※	
中間申告における繰戻しによる還付に係る災害損失欠損金額の益金算入額	37			※	
非適格合併又は残余財産の全部分配等による移転資産等の譲渡利益額又は譲渡損失額	38			※	
差　　引　　計 (34)＋(37)＋(38)	39			外※	
更生欠損金又は民事再生等評価換えが行われる場合の再生等欠損金の損金算入額（別表七（三）「9」又は「21」）	40	△		※	△
通算対象欠損金額の損金算入額又は通算対象所得金額の益金算入額（別表七の三「5」又は「11」）	41			※	
差　　引　　計 (39)＋(40)±(41)	43			外※	
欠損金又は災害損失金等の当期控除額（別表七（一）「4の計」＋別表七（四）「10」）	44	△		※	△
総　　　　計 (43)＋(44)	45			外※	
残余財産の確定の日の属する事業年度に係る事業税及び特別法人事業税の損金算入額	51	△	△		
所得金額又は欠損金額	52			外※	

（簡）

2 法人なのに源泉所得税

天引きされるのはなぜ？

松木さん、受取利息が入金になるときって、源泉所得税が天引きされているじゃない？　源泉所得税って個人にかかるものでしょ？　法人なのになんで源泉所得税が引かれるんだろう？

そうよね、源泉「所得税」が法人なのに天引きされていて、割り返さないと天引き前の受取利息の額がわからないからちょっと面倒なのよね。

【99,929円の受取利息の入金があった場合】

99,929円÷（100% − 15.315%）＝ 118,000円（円未満切捨）

所得税等 118,000円× 15.315%＝ 18,071円（円未満切捨）

でさ、赤字だと還付になるでしょ？　なんなんだろこれ。

受取利息は源泉徴収しなきゃいけないって所得税法で決まっているんだよ。

え、個人じゃなくて法人なのに所得税法？

そう。受取利息からは個人だろうが法人だろうが源泉所得税を天引きしなきゃいけない。でも、法人でしょ？　法人が納めるのは法人税であって所得税じゃおかしい。だから、源泉所得税を法人税の前払いとして扱ってくれるんだよ。法人税額から引いてくれるんだ。

税額控除してくれるんですよね。

赤字会社だと、地方税の均等割だけで「法人税」の金額はないわけだから、この源泉分が還付になるのか。

昔は地方税も天引きされていた

昔は受取利息から地方税5％も一緒に天引きされていたけれど、平成28年1月以降に受け取る利息から源泉徴収されるのは、所得税15％と復興特別所得税0.315％だけだよ。

どうして地方税は天引きされなくなったんですか？

今は利率が低くて受取利息の額が小さいからその5％なんて数円のこともある。それを還付するのに、地方自治体が負担する振込手数料がバカにならないんだよ。

数円のために何百円もかけるのはおかしいですよね。

源泉所得税の処理

この源泉所得税の額は別表6（1）に書くんだ。

【別表6（1）】

所得税額の控除に関する明細書

	事業年度	X1・5・21 ～ X2・3・31	法人名	㈱霧島

区　　　分		収　入　金　額 ①	①について課される所得税額 ②	②のうち控除を受ける所得税額 ③
公社債及び預貯金の利子、合同運用信託、公社債投資信託及び公社債等運用投資信託（特定公社債等運用投資信託を除く。）の収益の分配並びに特定公社債等運用投資信託の受益権及び特定目的信託の社債的受益権に係る剰余金の配当	1	118,000 円	18,071 円	18,071 円
剰余金の配当（特定公社債等運用投資信託の受益権及び特定目的信託の社債的受益権に係るものを除く。）、利益の配当、剰余金の分配及び金銭の分配（みなし配当等を除く。）	2			
集団投資信託（合同運用信託、公社債投資信託及び公社債等運用投資信託を除く。）の収益の分配	3			
割引債の償還差益	4			
そ　　の　　他	5			
計	6	118,000	18,071	18,071

剰余金の配当（特定公社債等運用投資信託の受益権及び特定目的信託の社債的受益権に係るものを除く。）、利益の配当、剰余金の分配及び金銭の分配（みなし配当等を除く。）、集団投資信託（合同運用信託、公社債投資信託及び公社債等運用投資信託（特定公社債等運用投資信託を除く。）を除く。）の収益の分配又は割引債の償還差益に係る控除を受ける所得税額の計算

個別法による場合	銘　柄	収入金額 7	所得税額 8	配当等の計算期間 9	⑨のうち元本所有期間 10	所有期間割合 ⑩/⑨（小数点以下3位未満切上げ）11	控除を受ける所得税額 ⑧×⑪ 12
		円	円	月	月		円

銘柄別簡便法による場合	銘　柄	収入金額 13	所得税額 14	配当等の計算期末の所有元本数等 15	配当等の計算期首の所有元本数等 16	(15)−(16)／2又は12（マイナスの場合は0）17	所有元本割合(16)＋(17)／(15)（小数点以下3位未満切上げ）（1を超える場合は1）18	控除を受ける所得税額 ⑭×⑱ 19
		円	円					円

その他に係る控除を受ける所得税額の明細

支払者の氏名又は法人名	支払者の住所又は所在地	支払を受けた年月日	収入金額 20	控除を受ける所得税額 21	参　　考
		・　・	円	円	
		・　・			
		・　・			
		・　・			
		・　・			
計					

6の③の金額を、別表4「29 法人税額から控除される所得税額」に転記する。次のケース1で考えてみよう。別表4の一番上の当期利益はいくらになるかな？

〈ケース1〉

下記仕訳除き税引前当期利益　　　　　△2,000,000

法・住・事	58,300	/	未払法人税等	58,300
法・住・事	18,071	/	受取利息	118,000
預金	99,929	/		

税引前当期利益	△1,882,000	(△2,000,000円＋118,000円)
法・住・事	76,371	(58,300円＋18,071円)
税引後当期利益	△1,958,371	

別表4の一番上の当期利益は税引後当期利益だから……
△2,000,000円から法人税、住民税及び事業税18,071円と均等割58,300円を引いて受取利息118,000円を足して税引後当期利益、つまり別表4の①の1は△1,958,371円ですね。

法人税額も、源泉所得税を税額控除の対象とした場合も損金不算入。法人税額は当期利益の下の加算欄で加算。損金（－）不算入（－）どちらもマイナスだから、マイナス×マイナス＝プラスとなって利益に加算。損金不算入のものは加算欄に記入だね。

源泉所得税も損金不算入ですけど、加算欄で加算じゃなくて、別表4の「29 法人税額から控除される所得税額」に記載なんですよね。「控除される」って言葉に引きずられそうになるけど加算。

そうか、仮計の下は△がなかったら加算だったね。

 黒字のときは法人税額から控除したい、赤字のとき源泉所得税の還付を受けたいなら、29 に源泉所得税の額を記載する決まりになっている。

 加算するということは、赤字幅はその分小さくなるのか。

 つまり 18,071 円所得が増えるってことよね。

税引前当期利益	△1,882,000	（△2,000,000円＋118,000円）
法・住・事	76,371	（58,300円＋18,071円）
税引後当期利益	△1,958,371	
損金経理をした納税充当金	58,300	加算
法人税額から控除される所得税額	18,071	加算
所得金額	△1,882,000	

損金算入と税額控除

 そして、18,071 円が還付になる。還付を受けないのなら、「29 法人税額から控除される所得税額」に何も記載しないでそのままにすれば損金として所得を減らすことになるけど、それだと納税者不利になるから普通は還付を受ける申告にするよ。

損金算入となるか税額控除となるか。

結果は全然違うんだよ。

所得 100 万円　源泉所得税 10 万円　税率 15% とすると税額はいくら？

損金算入　100 万円 − 10 万円 ＝ 90 万円　90 万円 × 15% ＝ 13 万 5,000 円

税額控除　100 万円 × 15% ＝ 15 万円　15 万円 − 10 万円 ＝ 5 万円

わ！　全然違う！　税額からダイレクトに控除する税額控除のインパクトってデカい！

数字で見るとハッキリわかりますね。これじゃ「29　法人税額から控除される所得税額」に記載しなかったらもったいないですね。

税率を掛ける前に引くと明らかに不利だよね。

【ケース１（法・住・事処理）の別表４】

所得の金額の計算に関する明細書（簡易様式）

事業年度 XI・5・2I　X2・3・3I　法人名 ㈱霧島

区　分		総　額	処　　分		
			留　保	社外流出	
		①	②	③	
当期利益又は当期欠損の額	1	△1,958,371 円	△1,958,371 円	配当	円
				その他	
加	損金経理をした法人税及び地方法人税（附帯税を除く。）	2				
	損金経理をした道府県民税及び市町村民税	3				
	損金経理をした納税充当金	4	58,300	58,300		
	損金経理をした附帯税（利子税を除く。）、加算金、延滞金（延納分を除く。）及び過怠税	5			その他	
	減価償却の償却超過額	6				
	役員給与の損金不算入額	7			その他	
	交際費等の損金不算入額	8			その他	
	通算法人に係る加算額（別表四付表「5」）	9			外※	
		10				
算						
	小　　計	11	58,300	58,300	外※	
減	減価償却超過額の当期認容額	12				
	納税充当金から支出した事業税等の金額	13				
	受取配当等の益金不算入額（別表八（一）「13」又は「26」）	14			※	
	外国子会社から受ける剰余金の配当等の益金不算入額（別表八（二）「26」）	15			※	
	受贈益の益金不算入額	16			※	
	適格現物分配に係る益金不算入額	17			※	
	法人税等の中間納付額及び過誤納に係る還付金額	18				
	所得税額等及び欠損金の繰戻しによる還付金額等	19			※	
	通算法人に係る減算額（別表四付表「10」）	20			※	
		21				
算						
	小　　計	22			外※	
仮　計　(1)+(11)-(22)	23	△1,900,071	△1,900,071	外※	0
対象純支払利子等の損金不算入額（別表十七（二の二）「29」又は「34」）	24			その他	
超過利子額の損金算入額（別表十七（二の三）「10」）	25	△		※	△
仮　計　(22)から(25)までの計	26	△1,900,071	△1,900,071	外※	0
寄附金の損金不算入額（別表十四（二）「24」又は「40」）	27			その他	
法人税額から控除される所得税額（別表六（一）「6の③」）	29	18,071		その他	18,071
税額控除の対象となる外国法人税の額（別表六（二の二）「7」）	30			その他	
分配時調整外国税相当額及び外国関係会社等に係る控除対象所得税額等相当額（別表六（五の二）「5の②」+別表十七（三の六）「1」）	31			その他	
合　計　(26)+(27)+(29)+(30)+(31)	34	△1,882,000	△1,900,071	外※	18,071
中間申告における繰戻しによる還付に係る災害損失欠損金額の益金算入額	37			※	
非適格合併又は残余財産の全部分配等による移転資産等の譲渡利益額又は譲渡損失額	38			※	
差　引　計　(34)+(37)+(38)	39	△1,882,000	△1,900,071	外※	18,071
更生欠損金又は民事再生等評価換えが行われる場合の再生等欠損金の損金算入額（別表七（三）「9」又は「21」）	40	△		※	△
通算対象欠損金額の損金算入額又は通算対象所得金額の益金算入額（別表七の三「5」又は「11」）	41			※	
差　引　計　(39)+(40)±(41)	43	△1,882,000	△1,900,071	外※	18,071
欠損金又は災害損失金等の当期控除額（別表七（一）「4の計」+別表七（四）「10」）	44	△		※	△
総　計　(43)+(44)	45	△1,882,000	△1,900,071	外※	18,071
残余財産の確定の日の属する事業年度に係る事業税及び特別法人事業税の損金算入額	51	△	△		
所得金額又は欠損金額	52	△1,882,000	△1,900,071	外※	18,071

法・住・事じゃなくて租税公課

 他の事務所からスイッチしてきた関与先で、受取利息の仕訳の法・住・事が租税公課のところもありました。

うーん、それも間違いとまでは言えないんだ。法人税の前払いなんだから法・住・事が一番しっくりくるんだけど、租税公課にした方がわかりやすい、という人もいるんだよ。

源泉所得税を租税公課にすると、赤字会社の場合、法・住・事が均等割だけになって未払法人税等の額と一致するから見やすいんだ。黒字の場合も、法・住・事に源泉所得税が入っていない租税公課で処理した方が申告書の税額を足し合わせた額と法・住・事が一致して、その方がチェックしやすい、っていう人もいる。

〈ケース1（法・住・事）〉

下記仕訳除き税引前当期利益		△ 2,000,000	

法・住・事	58,300	／ 未払法人税等	58,300
法・住・事	18,071	／ 受取利息	118,000
預金	99,929	／	

税引前当期利益	△ 1,882,000	（△2,000,000円＋118,000円）
法・住・事	76,371	（58,300円＋18,071円）
税引後当期利益	△ 1,958,371	

損金経理をした納税充当金	58,300	加算
法人税額から控除される所得税額	18,071	加算
所得金額	△ 1,882,000	

〈ケース 1'（租税公課）〉

下記仕訳除き税引前当期利益			△ 2,000,000	

法・住・事　　　　58,300 ／ 未払法人税等　　58,300
租税公課　　　　　18,071 ／ 受取利息　　　　118,000
預金　　　　　　　99,929 ／

税引前当期利益　　　　　　△ 1,900,071　(△2,000,000円−18,071円+118,000円)
法・住・事　　　　　　　　　　　58,300

税引後当期利益　　　　　　△ 1,958,371

損金経理をした納税充当金　　58,300　加算
法人税額から控除される所得税額　18,071　加算

所得金額　　　　　　　　　　△ 1,882,000

一致

ケース 1 もケース 1'も、未払法人税等の金額は 58,300 円。
ケース 1'だと法・住・事とも一致しますね。

源泉所得税を未収還付法人税等とする方法

源泉所得税を法・住・事という費用で処理するのではなく、翌
期に還付される税金だから、未収還付法人税等とする方法もあ
るんだよ。

〈ケース 2 （未収還付法人税等）〉

下記仕訳除き税引前当期利益　　　　　　　△ 2,000,000

法・住・事	58,300	／	未払法人税等	58,300
未収還付法人税等	18,071	／	受取利息	118,000
預金	99,929	／		

税引前当期利益	△ 1,882,000	（△ 2,000,000 円＋118,000 円）
法・住・事	58,300	
税引後当期利益	△ 1,940,300	

 未収還付法人税等にする……資産計上しているということは、税引後当期利益は源泉所得税分を負担していない利益ということですよね。

 そうだね。損金経理になっていない。

 ケース 2 の場合、△ 2,000,000 円から均等割 58,300 円を引いて受取利息 118,000 円を足して税引後当期利益は△ 1,940,300 円。別表 4 はこの数字からスタート。

 別表 4 の一番上、①の 1 の数字が△ 1,940,300 円、①の 4 に均等割の 58,300 円。

 均等割は損金不算入だから、税引後当期利益に加算。

 未収還付法人税等で計上した源泉所得税 18,071 円は「21 仮払税金」で減算するんだ。そしてその後、仮計の下「29 法人税額から控除される所得税額」で加算するよ。

【ケース2（未収還付法人税等処理）の別表4】

| | | | | | 所得の金額の計算に関する明細書（簡易様式） | | | | 事業年度 | X1・5・21 X2・3・31 | 法人名 | ㈱霧島 |

別表四（簡易様式） 令四・四・一以後終了事業年度分

区　　分		総　額	処　　　　分		
			留　保	社外流出	
		①	②	③	
当期利益又は当期欠損の額	1	△1,940,300 円	△1,940,300 円	配当	円
				その他	
加	損金経理をした法人税及び地方法人税（附帯税を除く。）	2				
	損金経理をした道府県民税及び市町村民税	3				
	損金経理をした納税充当金	4	58,300	58,300		
	損金経理をした附帯税（利子税を除く。）、加算金、延滞金（延納分を除く。）及び過怠税	5			その他	
	減価償却の償却超過額	6				
	役員給与の損金不算入額	7			その他	
	交際費等の損金不算入額	8			その他	
	通算法人に係る加算額（別表四付表「5」）	9			外※	
		10				
算	小　　計	11	58,300	58,300	外※	
減	減価償却超過額の当期認容額	12				
	納税充当金から支出した事業税等の金額	13				
	受取配当等の益金不算入額（別表八（一）「13」又は「26」）	14			※	
	外国子会社から受ける剰余金の配当等の益金不算入額（別表八（二）「26」）	15			※	
	受贈益の益金不算入額	16			※	
	適格現物分配に係る益金不算入額	17			※	
	法人税等の中間納付額及び過誤納に係る還付金額	18				
	所得税額等及び欠損金の繰戻しによる還付金額等	19			※	
	通算法人に係る減算額（別表四付表「10」）	20			※	
	仮払税金	21	18,071	18,071		
算	小　　計	22	18,071	18,071	外※	
仮　計 (1)+(11)-(22)	23	△1,900,071	△1,900,071	外※	0
対象純支払利子等の損金不算入額（別表十七（二の二）「29」又は「34」）	24			その他	
超過利子額の損金算入額（別表十七（二の三）「10」）	25	△		※	△
仮　計 ((23)から(25)までの計)	26	△1,900,071	△1,900,071	外※	0
寄附金の損金不算入額（別表十四（二）「24」又は「40」）	27			その他	
法人税額から控除される所得税額（別表六（一）「6の③」）	29	18,071		その他	18,071
税額控除の対象となる外国法人税の額（別表六（二の二）「7」）	30			その他	
分配時調整外国税相当額及び外国関係会社等に係る控除対象所得税額等相当額（別表六（五の二）「5の②」＋別表十七（三の六）「1」）	31			その他	
合　計 (26)+(27)+(29)+(30)+(31)	34	△1,882,000	△1,900,071	外※	18,071
中間申告における繰戻しによる還付に係る災害損失欠損金額の益金算入額	37			※	
非適格合併又は残余財産の全部分配等による移転資産等の譲渡利益額又は譲渡損失額	38			※	
差　引　計 (34)+(37)+(38)	39	△1,882,000	△1,900,071	外※	18,071
更正欠損金又は民事再生等評価換えが行われる場合の再生等欠損金の損金算入額（別表七（三）「9」又は「21」）	40	△	△	※	△
通算対象欠損金額の損金算入額又は通算対象所得金額の益金算入額（別表七の三「5」又は「11」）	41			※	
差　引　計 (39)+(40)±(41)	43	△1,882,000	△1,900,071	外※	18,071
欠損金又は災害損失金等の当期控除額（別表七（一）「4の計」＋別表七（四）「10」）	44	△		※	△
総　計 (43)+(44)	45	△1,882,000	△1,900,071	外※	18,071
残余財産の確定の日の属する事業年度に係る事業税及び特別法人事業税の損金算入額	51	△	△		
所得金額又は欠損金額	52	△1,882,000	△1,900,071	外※	18,071

御注意

2 1 「52」の「①」欄の金額は、「①」欄の金額に「③」欄の本書の金額を加算し、これから「※」の金額を加減算した額と符合することになります。

沖縄の認定法人の課税の特例等の規定の適用を受ける法人にあっては、別様式による別表四の「②」欄を御使用ください。

簡

同じ数字が2回

ケース2だと、18,071円が2回出てくる。減算欄の「21　仮払税金」と、「29　法人税額から控除される所得税額」のところ。「29　法人税額から控除される所得税額」は加算だよね。プラスとマイナスでこの2つ、入れなくても所得は変わらなくない？

法人税から源泉所得税を控除する場合、必ず「29法人税額から控除される所得税額」に数字を入れることになってたでしょ。

ケース2は未収還付法人税等で処理しているから税引後当期利益は源泉所得税を負担していない。なのに、「29　法人税額から控除される所得税額」の欄は加算だから数字を入れると所得がその分増えてしまうから、減算欄に「仮払税金」として入れてるんだよ。

なるほど。ケース2だと源泉所得税を税引後当期利益が負担していないけど、減算欄に「仮払税金」18,071円を記載することで、ケース1と同じ状態にしているんだ。

所得金額は全て一致しているわね。

〈ケース1（法・住・事）〉

下記仕訳除き税引前当期利益　　　　△ 2,000,000

法・住・事	58,300	/	未払法人税等	58,300
法・住・事	18,071	/	受取利息	118,000
預金	99,929	/		

税引前当期利益	△ 1,882,000	（△ 2,000,000円＋118,000円）
法・住・事	76,371	（58,300円＋18,071円）
税引後当期利益	△ 1,958,371	

損金経理をした納税充当金	58,300	加算
仮払税金	0	減算
法人税額から控除される所得税額	18,071	加算
所得金額	△ 1,882,000	

〈ケース1'（租税公課）〉

下記仕訳除き税引前当期利益　　　　△ 2,000,000

法・住・事	58,300	/	未払法人税等	58,300
租税公課	18,071	/	受取利息	118,000
預金	99,929	/		

税引前当期利益	△ 1,900,071	（△ 2,000,000円－18,071円＋118,000円）
法・住・事	58,300	
税引後当期利益	△ 1,958,371	

損金経理をした納税充当金	58,300	加算
仮払税金	0	減算
法人税額から控除される所得税額	18,071	加算
所得金額	△ 1,882,000	

〈ケース2（未収還付法人税等）〉

下記仕訳除き税引前当期利益　　　　　　△ **2,000,000**

法・住・事	58,300	/	未払法人税等	58,300
未収還付法人税等	18,071	/	受取利息	118,000
預金	99,929	/		

税引前当期利益	△ **1,882,000**　（△ 2,000,000円＋118,000円）
法・住・事	58,300
税引後当期利益	△ **1,940,300**

損金経理をした納税充当金	58,300	加算
仮払税金	18,071	減算
法人税額から控除される所得税額	18,071	加算
所得金額	△ **1,882,000**	

「29　法人税額から控除される所得税額」は実際に天引きという形で現金流出があったから社外流出。でも、仮払税金は税務上と会計上のズレを調整するものだから別表5（1）の上に記載するよ（P59参照）。

3 別表4と別表5(1)

別表5(1)って何者?

ということで次は別表5(1)。法人税の貸借対照表みたいなものかな。正式名称は「利益積立金額及び資本金等の額の計算に関する明細書」。

税務上の貸借対照表……でも、資産も負債も出てこないですけど?　会計では見たことない言葉が書いてある。

| 利益積立金額及び資本金等の額の計算に関する明細書 | | 事業年度 | X1・5・21 X2・3・31 | 法人名 | ㈱霧島 | 別表五(一) |

令四・四・一以後終了事業年度分

Ⅰ　利益積立金額の計算に関する明細書

区　分		期首現在利益積立金額 ①	当期の増減 減 ②	当期の増減 増 ③	差引翌期首現在利益積立金額 ①-②+③ ④
利 益 準 備 金	1	円	円	円	円
積　　立　　金	2				
	3				
	4				
	5				
	6				
	7				
	8				
	9				
	10				
	11				
	12				
	13				
	14				
	15				
	16				
	17				
	18				
	19				
	20				
	21				
	22				
	23				
	24				
繰越損益金（損は赤）	25			△1,958,371	△1,958,371
納 税 充 当 金	26			58,300	58,300
未納法人税等 未納法人税及び未納地方法人税（附帯税を除く。）	27	△	△	中間 △ 確定 △　0	△ 0
未払通算税効果額（附帯税の額に係る部分の金額を除く。）	28			中間 確定	
未納道府県民税（均等割額を含む。）	29	△	△	中間 △ 確定 △　58,300	△ 58,300
未納市町村民税（均等割額を含む。）	30	△	△	中間 △ 確定 △	△
差　引　合　計　額	31			△1,958,371	△1,958,371

この表は、通常の場合には次の算式により検算ができます。

期首現在利益積立金額合計「31」① ＋ 別表四留保所得金額又は欠損金額「52」 ＝ 差引翌期首現在利益積立金額合計「31」④ － 中間分・確定分の通算税効果額の合計額 ＝ 中間分・確定分の法人税等、道府県民税及び市

会計上の資産、負債は決算書を見ればわかる。所得計算に関わる貸借対照表項目だけを抜き出しているんだよ。ついでに、「25　繰越損益金」と「26　納税充当金」の2つは会計上と表現がちょっと違うけど、同じことを指している言葉を知っておくと後がラクだよ。

会計上の表現	別表5（1）の表現
繰越利益剰余金	繰越損益金
未払法人税等	納税充当金
未収還付法人税等	仮払税金

あと、27 からの 30 の未納法人税等は法人税と住民税（道府県民税・市町村民税）のまだ納めていない実際の納付額。

同じものをいってるなら同じ言葉にしてくれればいいのに。

別表4は会計の収入と税務上の益金、費用と損金のズレを集めて所得を出しますけど、別表5（1）はその貸借対照表版って感じですね。

そうだね。もっというと会計と税務の純資産のズレだね。資産と負債の差額の純資産。別表4の留保項目が別表5（1）に記載されて、税務上の純資産がわかるようになっている。

留保？

留保と社外流出

留保は社外に現金等が流出しないもの、社外流出は会社外に現金等が流出するもの、なんてよくいわれているけれど、それだとイメージがわかないと思うんだよね。留保にはこんな内容が記載されるよ。

【留保へ記載する内容】

- イ　会計と税務の純資産の差異
- ロ　法人税等の税務調整
- ハ　納税充当金の税務調整

イは、当期は否認（加算）されても、翌期以降に認容（減算）されるような、通常は差異がいつか解消するもの。備品について、会計上、減価償却費を100計上したけれど、税務上は80までしか計上できなかった場合、会計の利益を税務上の所得に変換するにはどんな仕訳を書けばいい？

ええと、こうかな？

備品　20　／　減価償却費　20

そうだね。こんな風に、会計から税務へ修正仕訳を書くときに貸借のどちらかが貸借対照表科目になるものが「イ会計と税務の純資産の差異」になる。

社外流出は配当とその他に区分される。別表4で減算されて、社外流出に書く税務調整には※がつくんだけど、※は、課税外収入で、当期だけで課税関係が終了するから留保に書けないもの。

はあ。

【社外流出に記載する内容】

A 当期中に剰余金の配当として支払った配当金

B 当期だけで課税関係が終了する税務調整

C 課税対象外となる収入（※）

社外流出の例として、Aは支払配当金、Cは受取配当金があるけれど、今は深追いしなくていい。大事なのはBの当期だけで課税関係が終了する税務調整。交際費の損金不算入のような、会計と税務の差異が永遠に解消しない項目だね。

とすると、留保の▢法人税等の税務調整と⑪納税充当金の税務調整って、社外流出にならないかな？ 会計上は費用だけど税務上は損金にならない。

▢法人税等の税務調整と⑪納税充当金の税務調整が留保なのは、別表5（1）に転記させたいからなんだよ。会計上は費用だけど、税務上、法人税等の扱いは利益積立金の処分なんだ（事業税を除く。第3章参照）。

利益積立金の処分？

そう。**別表5（1）の④の31の差引翌期首現在利益積立金額は税引後の留保所得になる。**

法人税法では、税金は利益積立金の処分と考えているのか。

◻法人税等の税務調整と◹納税充当金の税務調整は損金にならないし、◹の**「納税充当金」は貸借対照表の「未払法人税等」の額**だからそもそも確定した税額を引き当てているとは限らない。

え、そうなんですか？　未払法人税等って、翌期に納付する額そのものを計上してますけど？

もし、58,300円が翌期納税額だったときに、60,000円を法・住・事／未払法人税等で計上したって構わないんだよ。こうやって丸めた数字を計上している会社もあるよ。足し戻しちゃうんだから所得計算に影響はないし。

確かに！

留保という言葉を、「別表5（1）に転記」と置き換えてみて。◻法人税等の税務調整と◹納税充当金の税務調整を別表4で加算して、留保欄に書いて、別表5（1）に転記して、利益積立金を構成する。法人税や地方税は別表5（1）に残しておけないので未納法人税等で正しい税額を差し引いて、別表5（1）の最後が税引後の留保所得、つまり利益積立金になる。

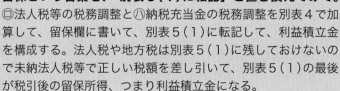

留保は利益積立金を構成するもの、別表5（1）に転記したいもの、なんですね。

ともかく、別表5(1)を税引後の留保所得つまり利益積立金にしたいがためにこうなってるんだ。

なんとなくわかったような気もするけれど、難しいなあ。

まあ、実務では別表4に斜線が引いてあるから、さほど困るところではないんだけどね。

よかった。

社外流出欄の※は社外流出ではない

別表4の社外流出欄には、※の付くものと付かないものがあるでしょ。

これ、加算項目にはなくて、ほぼ減算項目にありますよね。

※印の社外流出に該当するのは、主として、益金不算入とされる課税外収入項目。なんだけど……出てくるのはこの辺りだね。

・受取配当等の益金不算入額（※）
・所得税額等及び欠損金の繰戻しによる還付金額等（※）
・欠損金又は災害損失金等の当期控除額（※）

会計処理で収益計上して、既に留保利益（別表5（1））を増加させているものは、課税所得を減額するための別表4の処理と連動させてはまずい。そうしないための、連動しないようにするのが※印なんだよ。

別表4の下の方は数字が下半分に記入されてますけど、どうしてですか？

【別表4】

区　　　分		総　　　額 ①	処　　　分		
			留　　保 ②	社　外　流　出 ③	
仮　　　計 (1)+(11)-(22)	23	△1,900,071	△1,900,071	外※	0
対象純支払利子等の損金不算入額 (別表十七(二の二)「29」又は「34」)	24			その他	
超過利子額の損金算入額 (別表十七(二の三)「10」)	25	△		※	△
仮　　　計 (23)から(25)までの計	26	△1,900,071	△1,900,071	外※	0
寄附金の損金不算入額 (別表十四(二)「24」又は「40」)	27			その他	
法人税額から控除される所得税額 (別表六(一)「6の③」)	29	18,071		その他	18,071
税額控除の対象となる外国法人税の額 (別表六(二の二)「7」)	30			その他	
分配時調整外国税相当額及び外国関係会社等に係る控除対象所得税額等相当額(別表六(五の二)「5の②」+別表十七(三の六)「1」)	31			その他	
合　　　計 (26)+(27)+(29)+(30)+(31)	34	△1,882,000	△1,900,071	外※	18,071
中間申告における繰戻しによる還付に係る災害損失欠損金額の益金算入額	37			※	
非適格合併又は残余財産の全部分配等による移転資産等の譲渡利益額又は譲渡損失額	38			※	
差　引　計 (34)+(37)+(38)	39	△1,882,000	△1,900,071	外※	18,071
更生欠損金又は民事再生等評価換えが行われる場合の再生等欠損金の損金算入額(別表七(三)「9」又は「21」)	40	△		※	△
通算対象欠損金額の損金算入額又は通算対象所得金額の益金算入額(別表七の二「5」又は「11」)	41			※	
差　引　計 (39)+(40)+(41)	43	△1,882,000	△1,900,071	外※	18,071
欠損金又は災害損失金等の当期控除額 (別表七(一)「4の計」+別表七(四)「10」)	44	△		※	△
総　　　計 (43)+(44)	45	△1,882,000	△1,900,071	外※	18,071
残余財産の確定の日の属する事業年度に係る事業税及び特別法人事業税の損金算入額	51	△	△		
所得金額又は欠損金額	52	△1,882,000	△1,900,071	外※	18,071

仮計や合計、差引計は一行に配当・その他・課税外収入（※）を書かなくてはならない。配当・その他はそのままでいいんだけど、（※）は減算項目だから△をつけて数字を書きたいんだ。

加算か減算かをわかるように書きたいからなんですね。

そう。別表4は左わき「御注意」にあるように、留保②欄に社外流出③欄を加減算すると総額①になる。

今回は（※）がないから加算だけで、②△ 1,900,071 ＋③ 18,071 ＝△ 1,882,000 なので①と一致しますね。

む、難しい。

勉強は重ね塗り。何度か見るとわかるから大丈夫。

繰越損益金

下の方に繰越損益金とか書いてあるのは会計上は何だったっけ？

下の方の繰越損益金は貸借対照表の繰越利益剰余金の額。株主資本等変動計算書の繰越利益剰余金の当期末残高でもあるね。

区分		①	②		③	④
繰越損益金（損は赤）	25				△1,958,371	△1,958,371
納税充当金	26				58,300	58,300
未納法人税及び未納地方法人税（附帯税を除く。）	27	△	△	中間 △ 確定 △ 0	△	0
未払通算税効果額（附帯税の額に係る部分の金額を除く。）	28			中間 確定		
未納道府県民税（均等割額を含む。）	29	△	△	中間 △ 確定 △ 58,300	△	58,300
未納市町村民税（均等割額を含む。）	30	△	△	中間 △ 確定 △	△	
差引合計額	31				△1,958,371	△1,958,371

（未納法人税等〈退職年金等積立金に対するものを除く。〉）

資産の部		負債の部	
		未払法人税等	58,300
		未払金	400,071
		負債合計	458,371
預金	1,500,000	純資産の部	
		資本金	3,000,000
		利益剰余金	△ 1,958,371
		繰越利益剰余金	△ 1,958,371
		純資産合計	1,041,629
資産合計	1,500,000	負債・純資産合計	1,500,000

会計上の利益剰余金　　　　　　　　　　　△ 1,958,371

納税充当金（＋）　　　　　　　　　　　　　　58,300

未納法人税等（△）　　　　　　　　　　　　　58,300

税務上の利益積立金額　　　　　　　　　　△ 1,958,371

（別表５（１）「31 ④差引合計額」）

【ケース2の別表5（1）】

<table>
<tr><td colspan="2" rowspan="2">利益積立金額及び資本金等の額の計算に関する明細書</td><td>事業
年度</td><td>X1・5・21
X2・3・31</td><td>法人名</td><td>㈱霧島</td><td rowspan="2">別表五(一)</td></tr>
<tr><td colspan="4">I　利益積立金額の計算に関する明細書</td></tr>
<tr><td rowspan="2">区　　　分</td><td rowspan="2"></td><td>期首現在
利益積立金額</td><td colspan="2">当　期　の　増　減</td><td>差引翌期首現在
利益積立金額
①－②＋③</td><td rowspan="2">令四・四・一以後終了事業年度分</td></tr>
<tr><td>①</td><td>減
②</td><td>増
③</td><td>④</td></tr>
<tr><td>利 益 準 備 金</td><td>1</td><td>円</td><td>円</td><td>円</td><td>円</td></tr>
<tr><td>　　　積 立 金</td><td>2</td><td></td><td></td><td></td><td></td></tr>
<tr><td>仮払税金</td><td>3</td><td></td><td></td><td>△18,071</td><td>△18,071</td></tr>
<tr><td></td><td>4</td><td></td><td></td><td></td><td></td></tr>
<tr><td></td><td>5</td><td></td><td></td><td></td><td></td></tr>
<tr><td></td><td>6</td><td></td><td></td><td></td><td></td></tr>
<tr><td></td><td>7</td><td></td><td></td><td></td><td></td></tr>
<tr><td></td><td>8</td><td></td><td></td><td></td><td></td></tr>
<tr><td></td><td>9</td><td></td><td></td><td></td><td></td></tr>
<tr><td></td><td>10</td><td></td><td></td><td></td><td></td></tr>
<tr><td></td><td>11</td><td></td><td></td><td></td><td></td></tr>
<tr><td></td><td>12</td><td></td><td></td><td></td><td></td></tr>
<tr><td></td><td>13</td><td></td><td></td><td></td><td></td></tr>
<tr><td></td><td>14</td><td></td><td></td><td></td><td></td></tr>
<tr><td></td><td>15</td><td></td><td></td><td></td><td></td></tr>
<tr><td></td><td>16</td><td></td><td></td><td></td><td></td></tr>
<tr><td></td><td>17</td><td></td><td></td><td></td><td></td></tr>
<tr><td></td><td>18</td><td></td><td></td><td></td><td></td></tr>
<tr><td></td><td>19</td><td></td><td></td><td></td><td></td></tr>
<tr><td></td><td>20</td><td></td><td></td><td></td><td></td></tr>
<tr><td></td><td>21</td><td></td><td></td><td></td><td></td></tr>
<tr><td></td><td>22</td><td></td><td></td><td></td><td></td></tr>
<tr><td></td><td>23</td><td></td><td></td><td></td><td></td></tr>
<tr><td></td><td>24</td><td></td><td></td><td></td><td></td></tr>
<tr><td>繰越損益金（損は赤）</td><td>25</td><td></td><td></td><td>△1,940,300</td><td>△1,940,300</td></tr>
<tr><td>納 税 充 当 金</td><td>26</td><td></td><td></td><td>58,300</td><td>58,300</td></tr>
<tr><td rowspan="2">未納法人税及び
未納地方法人税
（附帯税を除く。）</td><td rowspan="2">27</td><td rowspan="2">△</td><td rowspan="2">△</td><td>中間 △</td><td rowspan="2">△ 0</td></tr>
<tr><td>確定 △ 0</td></tr>
<tr><td rowspan="2">未払通算税効果額
（附帯税の額に係る部分の金額を除く。）</td><td rowspan="2">28</td><td rowspan="2"></td><td rowspan="2"></td><td>中間</td><td rowspan="2"></td></tr>
<tr><td>確定</td></tr>
<tr><td rowspan="2">未納道府県民税
（均等割額を含む。）</td><td rowspan="2">29</td><td rowspan="2">△</td><td rowspan="2">△</td><td>中間 △</td><td rowspan="2">△ 58,300</td></tr>
<tr><td>確定 △ 58,300</td></tr>
<tr><td rowspan="2">未納市町村民税
（均等割額を含む。）</td><td rowspan="2">30</td><td rowspan="2">△</td><td rowspan="2">△</td><td>中間 △</td><td rowspan="2">△</td></tr>
<tr><td>確定 △</td></tr>
<tr><td>差 引 合 計 額</td><td>31</td><td></td><td></td><td>△1,958,371</td><td>△1,958,371</td></tr>
</table>

御注意

この表は、通常の場合には次の算式により検算ができます。

期首現在利益積立金額合計「31」① ＋ 別表四留保所得金額又は欠損金額「52」 ＝ 差引翌期首現在利益積立金額合計「31」④

＋ 中間分・確定分の通算税効果額の合計額 － 中間分・確定分の法人税等、道府県民税及び

ケース2の場合、源泉所得税を損金経理していなくて別表4の減算欄に入れて損金状態を作り出したわけだから、繰越利益剰余金、別表5（1）でいえば繰越損益金では源泉所得税が引かれていない金額になっている。

別表5（1）では、仮払税金を資産と認識せずに純資産の控除項目として△で表示するんだ。

だから、上の方、増の欄に△で仮払税金として源泉所得税がマイナスであるんだ。

最終的な別表5（1）の差引合計額はケース1と同じになってますね。

納税充当金

納税充当金は貸借対照表の未払法人税等だったよね。
この税額は確定額ではない概算のこともある数字だよ。

法・住・事／未払法人税等の仕訳計上のときに、納税額ピッタリとしない会社もあるんですものね。

そう。納税充当金は税法上から見ると、会計上、勝手に納税用に取っておいている金額であって、申告して初めて債務（税額）が確定する。だから、ここの金額はプラス。留保利益を構成するんだ。

でも、なんで納税額ピッタリにしないで丸めることがあるんだろう？

上場企業に多いんだけど、タックスクッションなんて言われている。

タックスクッション?

上場企業は、決算を10日で締めて、そのあと連結、有価証券報告書なんかの作成が待っているのに、決算数値を使って計算する外形標準課税とかもあるんだ。ともかく会計の数字をフィックスさせたい。だから、税額をしっかり合わせるんじゃなくて、近似値で走ることもよくあるんだ。

別表5(2)

次は別表5(2)。これは税金関係をまとめた表だよ。

ケース1とケース2、ほぼ一緒ですけど、下の源泉所得税の金額が入っている欄がちょっと違いますね。

【ケース1の別表5（2）】

租税公課の納付状況等に関する明細書		事業年度	X1・5・21 〜 X2・3・31	法人名	㈱霧島

別表五(二) 令四・四・一以後終了事業年度分

税目及び事業年度					期首現在未納税額 ①	当期発生税額 ②	当期中の納付税額			期末現在未納税額 ①+②-③-④-⑤ ⑥
							充当金取崩しによる納付 ③	仮払経理による納付 ④	損金経理による納付 ⑤	
法人税及び地方法人税		・ ・		1	円		円	円	円	円
		・ ・		2						
	当期分	中 間		3		円				
		確 定		4		0				0
		計		5		0				0
道府県民税		・ ・		6						
		・ ・		7						
	当期分	中 間		8						
		確 定		9		58,300				58,300
		計		10		58,300				58,300
市町村民税		・ ・		11						
		・ ・		12						
	当期分	中 間		13						
		確 定		14		0				0
		計		15		0				0
事業税及び特別法人事業税		・ ・		16						
		・ ・		17						
	当 期 中 間 分			18						
	計			19						
その他	損金算入のもの	利 子 税		20						
		延 滞 金(延納に係るもの)		21						
				22						
				23						
	損金不算入のもの	加算税及び加算金		24						
		延 滞 税		25						
		延 滞 金(延納分を除く。)		26						
		過 怠 税		27						
		源泉所得税等		28		18,071			18,071	0
				29						

【ケース2の別表5（2）】

| 租税公課の納付状況等に関する明細書 | | | | 事業年度 | X1・5・21 X2・3・31 | 法人名 | ㈱霧島 |

税目及び事業年度				期首現在未納税額 ①	当期発生税額 ②	当期中の納付税額			期末現在未納税額 ①+②-③-④-⑤ ⑥
						充当金取崩しによる納付 ③	仮払経理による納付 ④	損金経理による納付 ⑤	
法人税及び地方法人税		・　・	1	円		円	円	円	円
		・　・	2						
	当期分	中　間	3		円				
		確　定	4		0				0
		計	5		0				0
道府県民税		・　・	6						
		・　・	7						
	当期分	中　間	8						
		確　定	9		58,300				58,300
		計	10		58,300				58,300
市町村民税		・　・	11						
		・　・	12						
	当期分	中　間	13						
		確　定	14		0				0
		計	15		0				0
事業税及び特別法人事業税		・　・	16						
		・　・	17						
	当期中間分		18						
		計	19						
その他	損金算入のもの	利　子　税	20						
		延滞金（延納に係るもの）	21						
			22						
			23						
	損金不算入のもの	加算税及び加算金	24						
		延　滞　税	25						
		延滞金（延納分を除く。）	26						
		過　怠　税	27						
		源泉所得税等	28		18,071		18,071		0
			29						

18,071円がケース1は「⑤損金経理による納付」に入ってて、ケース2は「④仮払経理による納付」に入ってる。

税引後当期利益の前で差し引かれているものは「損金経理」されていると考えるからね。

ケース1は法・住・事で源泉所得税を処理していて「損金経理」になるから「損金経理による納付」に数字が入りますね。

ケース2は、未収還付法人税等で計上していたよね。資産勘定で経理しているとここの「仮払経理による納付」に金額が入るよ。

なるほど。

あと出てきていないのが「③充当金取崩しによる納付」だけど、これは未払法人税等として計上したものを納付したときに数字が入ってくる。

とすると、今期計上した均等割が来期③に入ってくるのか。

そういうことになるね。

第2章

赤字の申告書 2期目

ケース 1
（源泉所得税を損金経理する方法）

2期目も赤字だった場合の申告書を書いてみようか。

【税金の仕訳】

税引前当期利益　△ 818,071 円（下記仕訳を含まない）

前期源泉所得税還付

| 預金 | 18,071 | / | 雑収入 | 18,071 |

預金利息入金・源泉所得税

| 預金 | 84,685 | / | 受取利息 | 100,000 |
| 法人税・住民税・事業税 | 15,315 | / | | |

均等割

| 法人税・住民税・事業税 | 70,000 | / | 未払法人税等 | 70,000 |

〈ケース1〉

下記仕訳除き税引前当期利益　　△ 818,071

預金	18,071	/	雑収入	18,071
法・住・事	70,000	/	未払法人税等	70,000
法・住・事	15,315	/	受取利息	100,000
預金	84,685	/		

税引前当期利益	△700,000	（△818,071円+18,071円+100,000円）
法・住・事	85,315	（70,000円+15,315円）
税引後当期利益	△785,315	

【ケース1（法・住・事処理）の別表4】

所得の金額の計算に関する明細書（簡易様式）

| 事業年度 | X2・4・1 〜 X3・3・31 | 法人名 | ㈱霧島 |

区　　分		総　額 ①	処分 留　保 ②	処分 社外流出 ③
当期利益又は当期欠損の額	1	△785,315 円	△785,315 円	配当 その他 円
加算	損金経理をした法人税及び地方法人税（附帯税を除く。）	2			
	損金経理をした道府県民税及び市町村民税	3			
	損金経理をした納税充当金	4	70,000	70,000	
	損金経理をした附帯税（利子税を除く。）、加算金、延滞金（延納分を除く。）及び過怠税	5			その他
	減価償却の償却超過額	6			
	役員給与の損金不算入額	7			その他
	交際費等の損金不算入額	8			その他
	通算法人に係る加算額（別表四付表「5」）	9			外※
		10			
	小　　計	11	70,000	70,000	外※
減算	減価償却超過額の当期認容額	12			
	納税充当金から支出した事業税等の金額	13			
	受取配当等の益金不算入額（別表八（一）「13」又は「26」）	14			※
	外国子会社から受ける剰余金の配当等の益金不算入額（別表八（二）「26」）	15			※
	受贈益の益金不算入額	16			※
	適格現物分配に係る益金不算入額	17			※
	法人税等の中間納付額及び過誤納に係る還付金額	18			
	所得税額等及び欠損金の繰戻しによる還付金額等	19	18,071		※ 18,071
	通算法人に係る減算額（別表四付表「10」）	20			※
		21			
	小　　計	22	18,071		外※ 18,071
仮　計 (1)+(11)-(22)	23	△733,386	△715,315	外※ △18,071 0
対象純支払利子等の損金不算入額（別表十七（二の二）「29」又は「34」）	24			その他
超過利子額の損金算入額（別表十七（二の三）「10」）	25	△		※ △
仮　計 ((23)から(25)までの計)	26	△733,386	△715,315	外※ △18,071 0
寄附金の損金不算入額（別表十四（二）「24」又は「40」）	27			その他
法人税額から控除される所得税額（別表六（一）「6の③」）	29	15,315		その他 15,315
税額控除の対象となる外国法人税の額（別表六（二の二）「7」）	30			その他
分配時調整外国税相当額及び外国関係会社等に係る控除対象所得税額等相当額（別表六（五の二）「5の②」＋別表十七（三の六）「1」）	31			その他
合　計 (26)+(27)+(29)+(30)+(31)	34	△718,071	△715,315	外※ △18,071 15,315
中間申告における繰戻しによる還付に係る災害損失欠損金額の益金算入額	37			※
非適格合併又は残余財産の全部分配等による移転資産等の譲渡利益額又は譲渡損失額	38			※
差　引　計 (34)+(37)+(38)	39	△718,071		外※ △18,071 15,315
更生欠損金又は民事再生等評価換えが行われる場合の再生等欠損金の損金算入額（別表七（三）「9」又は「21」）	40	△		※ △
通算対象欠損金額の損金算入額又は通算対象所得金額の益金算入額（別表七の三「5」又は「11」）	41			※
差　引　計 (39)+(40)±(41)	43	△718,071	△715,315	外※ △18,071 15,315
欠損金又は災害損失金等の当期控除額（別表七（一）「4の計」＋別表七（四）「10」）	44	△		※ △
総　計 (43)+(44)	45	△718,071	△715,315	外※ △18,071 15,315
残余財産の確定の日の属する事業年度に係る事業税及び特別法人事業税の損金算入額	51	△	△	
所得金額又は欠損金額	52	△718,071	△715,315	外※ △18,071 15,315

別表四（簡易様式） 令四・四・一以後終了事業年度分

御注意
21 「52」の「①」欄の金額は、「②」欄の金額に「③」欄の本書の金額を加算し、これから「※」の金額を加減算した額と符合することになります。
沖縄の認定法人の課税の特例等の規定の適用を受ける法人にあっては、別様式による別表四を御使用ください。

㈱

別表4の一番上①の1は△785,315円でスタートだね。

今期は12か月あるから、均等割は70,000円よね。ということは、均等割は加算するんだから、「4　損金経理をした納税充当金」に70,000円。

減算欄19に18,071円が入ってる。これ、去年の源泉所得税だよね。

所得税額の還付があると会計上は雑収入で計上する。だから減算欄の「19　所得税額等及び欠損金の繰戻しによる還付金額等」に書くよ。

18,071円は前期に会計上は法・住・事で損金経理して、別表4の「29　法人税額から控除される所得税額」で加算していたからプラスマイナスゼロで所得計算には影響なかったのよね。

当期、還付で入金したら会計上は雑収入で18,071円を計上しているから、税引前当期利益に含まれている。

別表4の「19　所得税額等及び欠損金の繰戻しによる還付金額等」で減算して、またプラスマイナスゼロ。所得計算に影響しないようにしているのね。

法人税法にしてみたら損金経理してそのままでも、還付や税額控除を受けてもどっちでもいいんだ。

どっちでもいいからこそ、「所得税額等及び欠損金の繰戻しによる還付金額等」や「法人税額から控除される所得税額」に書いて還付や税額控除を受けると明確に宣言してくれ、ってことなのか。

この 18,071 円は社外流出に入る。ということで、別表5（1）には出てこないよ。

これ、前も説明していただいた※のあるところですね。入金なのに社外「流出」欄に書くのってなんだか違和感があるのですが。

※は課税外収入を表している。入金はしているけど課税対象ではない。雑収入計上した所得税額の還付金額を所得に影響させたくないから別表4で減算欄に記載しているけれど、純資産を減少させないから、別表5（1）に転記するわけにいかないんだ。留保にできないから社外流出欄に記載しているんだよ。

社外流出といいながら、違うものもあるってことですよね。他の名前を付けて欲しかったです。

社外流出欄の※は社外流出じゃないけど留保でもない。書くところがないから※をつけて違うよ、としているのかな。

社外「流出」の例としては「交際費の損金不算入額」や「役員給与の損金不算入額」といったようなものがある。会計と税務の差異が永久に解消しないものは今期に加算されても来期に減算による認容が起こるわけではないから、留保に書いて別表5（1）に転記はできない。

ともかく、**「社外流出」に書くものは、当期限りでサヨウナラ、**の項目ってことか。

別表４の「留保」は別表５(１)に転記するもの、「社外流出」は転記しないものって読み替えて考えた方がよさそうね。

【ケース１の別表５(１)】

利益積立金額及び資本金等の額の計算に関する明細書

| 事業年度 | X2・4・1 X3・3・31 | 法人名 | ㈱霧島 |

Ⅰ　利益積立金額の計算に関する明細書

御注意

この表は、通常の場合には次の算式により検算ができます。

期首現在利益積立金額合計「31」① ＋ 別表四留保所得金額又は欠損金額「52」 － 中間分・確定分の法人税等、道府県民税及び

中間分・確定分の通算税効果額の合計額 ＝ 差引翌期首現在利益積立金額合計「31」④

区　分		期首現在利益積立金額 ①	当期の増減 減 ②	当期の増減 増 ③	差引翌期首現在利益積立金額 ①－②＋③ ④
利益準備金	1	円	円	円	円
積立金	2				
	3				
	4				
	5				
	6				
	7				
	8				
	9				
	10				
	11				
	12				
	13				
	14				
	15				
	16				
	17				
	18				
	19				
	20				
	21				
	22				
	23				
	24				
繰越損益金(損は赤)	25	△1,958,371	△1,958,371	△2,743,686	△2,743,686
納税充当金	26	58,300	58,300	70,000	70,000
未納法人税及び未納地方法人税(附帯税を除く。)	27	△	△	中間 △ 確定 △	△
未払通算税効果額(附帯税の額に係る部分の金額を除く。)	28			中間 確定	
未納道府県民税(均等割額を含む。)	29	△ 58,300	△ 58,300	中間 △ 確定 △ 70,000	△ 70,000
未納市町村民税(均等割額を含む。)	30	△	△	中間 △ 確定 △	△
差引合計額	31	△1,958,371	△1,958,371	△2,743,686	△2,743,686

まず、別表5（1）は①の欄が去年の④と一致することを確認してね。

繰越損益金の①と②には、前期の④を転記。③は株主資本等変動計算書の「繰越利益剰余金」の額を転記する。④は③をそのまま移記。

25番の繰越損益金は、当期に増減した額を③増の欄に入れるのではなくて、期首残を②減の欄に一度全額入れてから今期の残高を③増の欄に入れるんですね。

たぶん、前期から繰り越されてきた額は一度全て取り崩されたものとして考えているんだろうね。

納税充当金＝未払法人税等≠未納法人税等

26の納税充当金は貸借対照表の「未払法人税等」勘定の増減なんだ。①前期残、②当期中取崩額、③当期計上額、④当期末残を書くよ。

未納法人税等は、①が前期確定未納付額、②前期確定分と当期中間分の納付額、③中間分と確定分計上額、④当期確定未納付額。

②に、前期確定分と当期中間分の納付額のどっちも入る？

②は当期中に減少した額、つまり当期中に申告して税額が確定した額を書くんだよ。今回の申告書は当期中間分の税額がないからちょっとわかりにくいね。未納法人税等の欄は中間と確定の二段書きになっている。中間の金額を②に書くよ。

 未納法人税等って貸借対照表の「未払法人税等」勘定の増減を表しているんじゃないの？　名前似てるし。

違うんだよ。法・住・事／未払法人税等として計上した額を表しているのはあくまで「納税充当金」の欄なんだ。

 どうして納税充当金の欄と未納法人税等の欄があるんですか？同じ額をプラスとマイナスで書くなら最終値に影響ないのになあ、って思うんですよね。

今回の申告が赤字会社だから納税充当金と未納法人税等の欄の数字の動きがたまたま一緒になっているだけなんだ。だって、未納法人税等の欄に事業税ないでしょ？

 ほんとだ。

納税充当金は貸借対照表の未払法人税等と一致するんだけど、**未払法人税等を本当に納付する税額ピッタリ計上しない場合もあり**得たでしょ。なので、税額そのものを確定額の「未納法人税等」とともに両建てで書くんだよ。

 どうして未納法人税等の欄に事業税はないのかしら？

別表5（1）は利益積立金を書くもの。税引後の留保利益を書くんだ。事業税は損金になるから、留保利益に入らない。利益積立金に影響しないから。

別表が何のための表なのか、しっかり頭に叩き込んでおかないとですね。

会社が計上した未払法人税等は、税務上は損金にならないし負債として認識しないから、別表4の留保に入るし、別表5（1）にプラスで記載して利益積立金額を増やすことになる。確定額の未納法人税等は実際に納付したものや、すべき額を書く。別表5（1）は税引後の留保利益をあらわす表だからね。

【ケース１（法・住・事処理）の別表５（２）】

| | 租税公課の納付状況等に関する明細書 | | 事業年度 | X2・4・1 X3・3・31 | 法人名 | ㈱霧島 | | | 別表五（二）令四・四・一以後終了事業年度分 |

租税公課の納付状況等に関する明細書　事業年度 X2・4・1 X3・3・31　法人名 ㈱霧島

別表五（二）令四・四・一以後終了事業年度分

税　目　及　び　事　業　年　度				期首現在未納税額 ①	当期発生税額 ②	当期中の納付税額			期末現在未納税額 ①+②-③-④-⑤ ⑥
						充当金取崩しによる納付 ③	仮払経理による納付 ④	損金経理による納付 ⑤	
法人税及び地方法人税		・　・	1	円		円	円	円	円
		・　・	2						
	当期分	中　　間	3		円				
		確　　定	4		0				0
		計	5		0				0
道府県民税		・　・	6						
		X1・5・21 X2・3・31	7	58,300		58,300			
	当期分	中　　間	8						
		確　　定	9		70,000				70,000
		計	10	58,300	70,000	58,300			70,000
市町村民税		・　・	11						
		・　・	12						
	当期分	中　　間	13						
		確　　定	14		0				0
		計	15		0				0
事業税及び特別法人事業税		・　・	16						
		・　・	17						
	当期中間分		18						
		計	19						
その他	損金算入のもの	利　子　税	20						
		延滞金（延納に係るもの）	21						
			22						
			23						
	損金不算入のもの	加算税及び加算金	24						
		延　滞　税	25						
		延滞金（延納分を除く。）	26						
		過　怠　税	27						
		源泉所得税等	28		15,135			15,135	0
			29						

納　税　充　当　金　の　計　算								
繰入額	期首納税充当金		30	58,300 円	取崩額	その他	損金算入のもの	36	円
	損金経理をした納税充当金		31	70,000			損金不算入のもの	37	
			32					38	
	計 (31) + (32)		33	70,000			仮払税金消却	39	
取崩額	法人税額等 (5の③)+(10の③)+(15の③)		34	58,300		計 (34)+(35)+(36)+(37)+(38)+(39)		40	58,300
	事業税及び特別法人事業税 (19の③)		35			期末納税充当金 (30)+(33)-(40)		41	70,000

別表5（2）も見ておこう。これは税金の納付について記載する。①は去年の⑥の数字と一致。未納税額が書いてあって、②が当期発生税額。それをどのように経理処理したかを③④⑤に書くよ。

去年発生して期首に未納の税額は 58,300 円。これは未払法人税等を計上していたので会計上はそれを落としています。

そうすると「③充当金取崩しによる納付」の欄に同じ金額を記載するよ。

当期の税額は赤字だから均等割の 7 万円だけ。②の発生欄に書いて。

まだ納付していないから⑥に記載するね。

あと、下の方「その他」の欄に源泉所得税等がありますね。

利子分の源泉所得税だね。天引きされたときに法・住・事で損金経理しているケースだから、⑤の「損金経理による納付」欄に記載するよ。

あとは下の方の納税充当金の計算、か。

これは別表5（1）とつながっているよ。

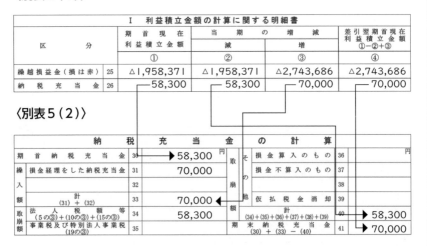

〈別表5（1）〉

I　利益積立金額の計算に関する明細書				
区　　　分	期　首　現　在 利 益 積 立 金 額 ①	当　期　の　増　減		差引翌期首現在 利 益 積 立 金 額 ①-②+③ ④
		減 ②	増 ③	
繰越損益金（損は赤）25	△1,958,371	△1,958,371	△2,743,686	△2,743,686
納　税　充　当　金　26	58,300	58,300	70,000	70,000

〈別表5（2）〉

納　税　充　当　金　の　計　算				
期 首 納 税 充 当 金　30	58,300 円	そ	損 金 算 入 の も の　36	円
繰　損金経理をした納税充当金　31	70,000	の	損 金 不 算 入 の も の　37	
入　　　　32		取	38	
額　計 (31)＋(32)　33	70,000	崩 仮 払 税 金 消 却　39		
取　法 人 税 額 等 崩 (5の③)＋(10の③)＋(15の③)　34	58,300	額 計 (34)+(35)+(36)+(37)+(38)+(39)　40		58,300
額 事業税及び特別法人事業税 (19の③)　35		期 末 納 税 充 当 金 (30)＋(33)-(40)　41		70,000

2 ケース2（源泉所得税を仮払経理する方法）

源泉所得税を仮払経理する方法も見ておこう。

〈ケース2（未収還付法人税等）〉

下記仕訳除き税引前当期利益　　　　　　　△ 818,071

預金	18,071	/	未収還付法人税等	18,071
法・住・事	70,000	/	未払法人税等	70,000
未収還付法人税等	15,315	/	受取利息	100,000
預金	84,685	/		

税引前当期利益	△ 718,071	（△ 818,071 円＋100,000 円）
法・住・事	70,000	
税引後当期利益	△ 788,071	

【ケース２（未収還付法人税等処理）の別表４】

所得の金額の計算に関する明細書（簡易様式）　事業年度 X2・4・1～X3・3・31　法人名 ㈱霧島

別表四（簡易様式）　令四・四・一以後終了事業年度分

御注意
1 沖縄の認定法人の課税の特例等の規定の適用を受ける法人にあっては、別様式による別表四を御使用ください。
2 「52」の「①」欄の金額は、「②」欄の金額に「③」欄の本書の金額を加算し、これから「※」の金額を加減算した額と符合することになります。

区分			総額 ①	処分 留保 ②	処分 社外流出 ③	
当期利益又は当期欠損の額		1	円 △788,071	円 △788,071	配当	円
					その他	
加算	損金経理をした法人税及び地方法人税(附帯税を除く。)	2				
	損金経理をした道府県民税及び市町村民税	3				
	損金経理をした納税充当金	4	70,000	70,000		
	損金経理をした附帯税(利子税を除く。)、加算金、延滞金(延納分を除く。)及び過怠税	5			その他	
	減価償却の償却超過額	6				
	役員給与の損金不算入額	7			その他	
	交際費等の損金不算入額	8			その他	
	通算法人に係る加算額(別表四付表「5」)	9			外※	
	仮払税金消却額	10	18,071	18,071		
	小計	11	88,071	88,071	外※	
減算	減価償却超過額の当期認容額	12				
	納税充当金から支出した事業税等の金額	13				
	受取配当等の益金不算入額(別表八(一)「13」又は「26」)	14			※	
	外国子会社から受ける剰余金の配当等の益金不算入額(別表八(二)「26」)	15			※	
	受贈益の益金不算入額	16			※	
	適格現物分配に係る益金不算入額	17			※	
	法人税等の中間納付額及び過誤納に係る還付金額	18				
	所得税額等及び欠損金の繰戻しによる還付金額等	19	18,071		※	18,071
	通算法人に係る減算額(別表四付表「10」)	20			※	
	仮払税金	21	15,315	15,315		
	小計	22	33,386	15,315	外※	18,071
仮計 (1)+(11)−(22)		23	△733,386	△715,315	外※	△18,071 0
対象純支払利子等の損金不算入額(別表十七(二の二)「29」又は「34」)		24			その他	
超過利子額の損金算入額(別表十七(二の三)「10」)		25	△		※	△
仮計 ((23)から(25)までの計)		26	△733,386	△715,315	外※	△18,071 0
寄附金の損金不算入額(別表十四(二)「24」又は「40」)		27			その他	
法人税額から控除される所得税額(別表六(一)「6の③」)		29	15,315		その他	15,315
税額控除の対象となる外国法人税の額(別表六(二の二)「7」)		30			その他	
分配時調整外国税相当額及び外国関係会社等に係る控除対象所得税額等相当額(別表六(五の二)「5の②」+別表十七(三の六)「1」)		31			その他	
合計 (26)+(27)+(29)+(30)+(31)		34	△718,071	△715,315	外※	△18,071 15,315
中間申告における繰戻しによる還付に係る災害損失欠損金額の益金算入額		37			※	
非適格合併又は残余財産の全部分配等による移転資産等の譲渡利益額又は譲渡損失額		38			※	
差引計 (34)+(37)+(38)		39	△718,071	△715,315	外※	△18,071 15,315
更生欠損金又は民事再生等評価換えが行われる場合の再生等欠損金の損金算入額(別表七(三)「9」又は「21」)		40	△		※	△
通算対象欠損金額の損金算入額又は通算対象所得金額の益金算入額(別表七の三「5」又は「11」)		41			※	
差引計 (39)+(40)±(41)		43	△718,071	△715,315	外※	△18,071 15,315
欠損金又は災害損失金等の当期控除額(別表七(一)「4の計」+別表七(四)「10」)		44	△		※	△
総計 (43)+(44)		45	△718,071	△715,315	外※	△18,071 15,315
残余財産の確定の日の属する事業年度に係る事業税及び特別法人事業税の損金算入額		51	△	△		
所得金額又は欠損金額		52	△718,071	△715,315	外※	△18,071 15,315

㊎簡

別表４の一番上①の１は△788,071円でスタートだね。

あれ？　どうして？　ケース１と違う。

ケース１は還付を雑収入で受けてるでしょ？　ケース２は還付入金のときに未収還付法人税等という資産を減少させているから。

〈ケース１（法・住・事）〉

下記仕訳除き税引前当期利益　　　　　　△818,071

預金	18,071	/	雑収入	18,071
法・住・事	70,000	/	未払法人税等	70,000
法・住・事	15,315	/	受取利息	100,000
預金	84,685	/		

税引前当期利益	△700,000	（△818,071円＋18,071円＋100,000円）
法・住・事	85,315	（70,000円＋15,315円）

税引後当期利益	△785,315

損金経理をした納税充当金	70,000	加算
仮払税金消却額	0	加算
所得税額及び欠損金の繰戻しによる還付金額等	18,071	減算
仮払税金	0	減算
法人税額から控除される所得税額	15,315	加算

所得金額	△718,071

〈ケース2 （未収還付法人税等）〉

下記仕訳除き税引前当期利益				△ 818,071

預金	18,071	／	未収還付法人税等	18,071
法・住・事	70,000	／	未払法人税等	70,000
未収還付法人税等	15,315	／	受取利息	100,000
預金	84,685	／		

税引前当期利益	△ 718,071	（△ 818,071円＋100,000円）
法・住・事	70,000	
税引後当期利益	△ 788,071	

損金経理をした納税充当金	70,000	加算
仮払税金消却額	18,071	加算
所得税額及び欠損金の繰戻しによる還付金額等	18,071	減算
仮払税金	15,315	減算
法人税額から控除される所得税額	15,315	加算
所得金額	△ 718,071	

ケース2は、18,071円雑収入が計上されていない分、税引前利益が小さくなっているのか。税引後当期利益も、雑収入と、当期の源泉所得税を法・住・事で処理している分とで2,756円ズレてる。でも、最後の所得はケース1と一致していますね。

処理方法が違うだけで、同じ会社だからね。

当期は12か月あるから、加算する均等割は70,000円。①の4「損金経理をした納税充当金」は70,000円。

加算欄に仮払税金消却額18,071円、これは前期の源泉所得税の額だよね。減算欄「19 所得税額等及び欠損金の繰戻しによる還付金額等」に同額があるけれど、これも加算と減算どっちも出てきてる。

所得税額の還付があると減算欄の「19　所得税額等及び欠損金の繰戻しによる還付金額等」に書く。別表4で減算されるけれど課税外収入項目だから留保に書けないので社外流出※。

会計上は還付時（入金時）に雑収入ではなく未収還付法人税等を落としているから所得に影響はないのに、還付があると減算欄に書くことになっているからこれだと所得が小さくなってしまうので、加算欄にも記入している。

なるほど。それが仮払税金消却額。

【ケース2の別表5(1)】

利益積立金額及び資本金等の額の計算に関する明細書		事業年度	X2・4・1 X3・3・31	法人名	㈱霧島	別表五(一) 令四・四・一以後終了事業年度分

I 利益積立金額の計算に関する明細書

御注意

区　　分		期首現在 利益積立金額 ①	当期の増減 減 ②	増 ③	差引翌期首現在 利益積立金額 ①-②+③ ④
利　益　準　備　金	1	円	円	円	円
積　立　金	2				
仮払税金	3	△18,071	△18,071	△15,315	△15,315
	4				
	5				
	6				
	7				
	8				
	9				
	10				
	11				
	12				
	13				
	14				
	15				
	16				
	17				
	18				
	19				
	20				
	21				
	22				
	23				
	24				
繰越損益金(損は赤)	25	△1,940,300	△1,940,300	△2,728,371	△2,728,371
納　税　充　当　金	26	58,300	58,300	70,000	70,000
未納法人税及び未納地方法人税(附帯税を除く。)(退職年金等積立金に対するものを除く)	27	△　　　0	△	中間△ 確定△	△
未払通算税効果額(附帯税の額に係る部分の金額を除く。)	28	0		中間 確定	
未納道府県民税(均等割額を含む。)	29	△58,300	△58,300	中間△ 確定△70,000	70,000
未納市町村民税(均等割額を含む。)	30	△	△	中間△ 確定△	
差　引　合　計　額	31	△1,958,371	△1,958,371	△2,743,686	△2,743,686

この表は、通常の場合には次の算式により検算ができます。

期首現在利益積立金額合計「31」① + 別表四留保所得金額又は欠損金額「52」 − 中間分・確定分の法人税等、道府県民税及び市町村分の通算税効果額の合計額 ＝ 差引翌期首現在利益積立金額合計「31」④

> この仮払税金は別表5(1)では資産としては考えない。純資産の控除項目として考えている。そのため、△をつけて表示しているんだ。源泉所得税の還付は申告書提出日に権利が確定するものだからね。

別表５（１）の検算

申告書の左側欄外にこんなことが書いてあるよね。

この表は、通常の場合には次の算式により検算ができます。

期首現在利益積立金額合計「31」①　＋

別表４留保所得金額又は欠損金額「52」　−

中間分・確定分の法人税等、道府県民税及び市町村民税の合計額　±

中間分・確定分の通算税効果額の合計額

= 　差引翌期首現在利益積立金額合計「31」④

これが一致していると、別表４を別表５（１）にちゃんと転記できた、ってことになるんだよね。

期首現在利益積立金額合計に別表４の留保金総計を足す、これは別表４の留保項目を別表５（１）に転記するんだからわかるよね。

中間分、確定分法人税、県民税、市民税の合計額を引くのは、これだけ別表４とつながらないからなんだ。

別表５（１）は税引後の留保所得。別表４の留保項目を別表５（１）の期首現在利益積立金額合計に足しただけでは税引後になっていない。別表４では税金は損金になるわけないからね。

それで、この検算式では別表４と別表５（１）のつながらない中間と確定分の法人税、県民税、市民税の額を引いているんだよ。

第3章

黒字化した
申告書

次の期、赤字から大きく黒字化したよ。

【前提】

前期の源泉所得税の還付

預金　　　　　　15,315　／　雑収入　　　15,315

当期の利子受取・源泉所得税の天引き

預金　　　　　101,622　／　受取利息　120,000
法・住・事　　 18,378　／

税引前当期利益　4,500,000 円（雑収入、受取利息含む）
繰越欠損金の額　2,600,071 円

税引前当期利益　　　　4,500,000 円
法人税・住民税・事業税　18,378 円
税引後当期利益　　　　4,481,622 円（未払法人税等計上前）

納税額はいくら？

今期は納税が出るね。税額を計算してみよう。今の段階では正しい税引後利益がわからないから、税引前当期利益 4,500,000 円でスタートするよ。

【別表4】

区　　　　分			総　　　額
			①
当期利益又は当期欠損の額		1	4,500,000 円
加	損金経理をした法人税及び地方法人税（附帯税を除く。）	2	
	損金経理をした道府県民税及び市町村民税	3	
	損金経理をした納税充当金	4	
	損金経理をした附帯税（利子税を除く。）、加算金、延滞金（延納分を除く。）及び過怠税	5	
	減価償却の償却超過額	6	
	役員給与の損金不算入額	7	
	交際費等の損金不算入額	8	
	通算法人に係る加算額（別表四付表「5」）	9	
算		10	
	小　　　計	11	
減	減価償却超過額の当期認容額	12	
	納税充当金から支出した事業税等の金額	13	
	受取配当等の益金不算入額（別表八（一）「13」又は「26」）	14	
	外国子会社から受ける剰余金の配当等の益金不算入額（別表八（二）「26」）	15	
	受贈益の益金不算入額	16	
	適格現物分配に係る益金不算入額	17	
	法人税等の中間納付額及び過誤納に係る還付金額	18	
	所得税額等及び欠損金の繰戻しによる還付金額等	19	15,315
	通算法人に係る減算額（別表四付表「10」）	20	
算	仮払源泉所得税	21	18,378
	小　　　計	22	33,693
仮　　　計（(1)＋(11)−(22)）		23	4,466,307
対象純支払利子等の損金不算入額（別表十七（二の二）「29」又は「34」）		24	
超過利子額の損金算入額（別表十七（二の三）「10」）		25	△
仮　　　計（(23)から(25)までの計）		26	4,466,307
寄附金の損金不算入額（別表十四（二）「24」又は「40」）		27	
法人税額から控除される所得税額（別表六（一）「6の③」）		29	18,378
税額控除の対象となる外国法人税の額（別表六（二の二）「7」）		30	
分配時調整外国税相当額及び外国関係会社等に係る控除対象所得税額等相当額（別表六（五の二）「5の②」＋別表十七（三の六）「1」）		31	
合　　　計（(26)＋(27)＋(29)＋(30)＋(31)）		34	4,484,685
中間申告における繰戻しによる還付に係る災害損失欠損金額の益金算入額		37	
非適格合併又は残余財産の全部分配等による移転資産等の譲渡利益額又は譲渡損失額		38	
差　　　引　　　計（(34)＋(37)＋(38)）		39	4,484,685
更生欠損金又は民事再生等評価換えが行われる場合の再生等欠損金の損金算入額（別表七（三）「9」又は「21」）		40	△
通算対象欠損金額の損金算入額又は通算対象所得金額の益金算入額（別表七の三「5」又は「11」）		41	
差　　　引　　　計（(39)＋(40)＋(41)）		43	4,484,685
欠損金又は災害損失金等の当期控除額（別表七（一）「4」の計＋別表七（四）「10」）		44	△ 2,600,071
総　　　計（(43)＋(44)）		45	1,884,614
残余財産の確定の日の属する事業年度に係る事業税及び特別法人事業税の損金算入額		51	△
所得金額又は欠損金額		52	1,884,614

前期、源泉所得税を損金経理していても別表で還付を受けると
しているので、当期に入金になった 15,315 円は雑収入で受け
たものを所得に影響させないように別表4「19　所得税額等及
び欠損金の繰戻しによる還付金額等」で減算ですね。

今期の源泉所得税は別表4「29　法人税額から控除される所得
税額」で加算。

そうなんだけど、加算するのは損金経理をしているからだよね。
損金経理といっても法・住・事で仕訳をしているから、税引前
当期利益はこの源泉所得税を負担していない。

税引前当期利益をスタートとしているから、利益は源泉所得税
を引く前の金額。損金経理するために今は便宜上、減算欄に法・
住・事で計上した源泉所得税 18,378 円を別表4の「21　仮払
源泉所得税」に書いているんだ。

それと、前期、前々期が赤字だったので繰越欠損金 2,600,071
円があります。

赤字会社で繰越欠損金がある場合、別表7（1）に記載していくよ。
下に行くほど新しい欠損金になっている。青色申告書を提出した
事業年度に生じた欠損金額は 10 年繰り越すことができる。

【別表7（1）】

欠損金又は災害損失金の損金算入等に関する明細書

事業年度	X3・4・1 X4・3・31	法人名	㈱霧島

別表七㈠　令四・四・一以後終了事業年度分

控除前所得金額（別表四「43の①」） 1	4,484,685円	損金算入限度額 (1)×50又は100/100 2	4,484,685円

事業年度	区分	控除未済欠損金額 3	当期控除額（当該事業年度の(3)と((2)－当該事業年度前の(4)の合計額)のうち少ない金額） 4	翌期繰越額（((3)－(4))又は(別表七(四)「15」)） 5
・・	青色欠損・連結みなし欠損・災害損失	円	円	
・・	青色欠損・連結みなし欠損・災害損失			円
・・	青色欠損・連結みなし欠損・災害損失			
・・	青色欠損・連結みなし欠損・災害損失			
・・	青色欠損・連結みなし欠損・災害損失			
・・	青色欠損・連結みなし欠損・災害損失			
・・	青色欠損・連結みなし欠損・災害損失			
・・	青色欠損・連結みなし欠損・災害損失			
X1・5・21 X2・3・31	(青色欠損)・連結みなし欠損・災害損失	1,882,000	1,882,000	0
X2・4・1 X3・3・31	(青色欠損)・連結みなし欠損・災害損失	718,071	718,071	0
計		2,600,071	2,600,071	0
当期分	欠損金額（別表四「52の①」）	0	欠損金の繰戻し額	
	同上のうち 災害損失金			
	同上のうち 青色欠損金	0		0
合計				0

【青色申告】

法人が青色申告を行うには、税務署へ「青色申告の承認申請書」を提出し、承認を受ける必要があります。法人が青色申告を選んだ場合の主なメリットは以下のとおりです。

〈法人が青色申告をするメリット〉

① 赤字（欠損金）が10年間繰り越せる

② 赤字（欠損金）の繰戻還付も選べる

③ 中小企業は「少額減価償却資産の取得価額の損金算入の特例」が適用できる

④ 特別償却、特別控除が受けられる

これ、所得税だと3年ですよね。

確かにそうね。法人も、昔はもっと短かったですよね。

昔は5年だったけど、7年になって、9年になって、平成30年4月1日以降に発生した欠損金は10年繰り越されることになったよ。

個人の3倍かあ。法人にするメリットでもありますね。

欠損金額が生じた事業年度において青色申告書である確定申告書を提出していれば、その後の事業年度について提出した確定申告書が白色申告書であっても、その欠損金額についてはこの繰越控除の規定が適用されるよ。

青色申告のときの欠損金なら、白色申告のときでも控除できるんだ！　知らなかった。

盲点だったりするよね。別表4に話を戻すよ。当期、残っている繰越欠損金を全額充当しても所得が出るね。「44　欠損金又は災害損失金等の当期控除額」に記載して、所得金額は1,884,614円になる。

この金額を別表１と次葉に転記するよ。
別表１で法人税額を出すんだ。

【別表１】

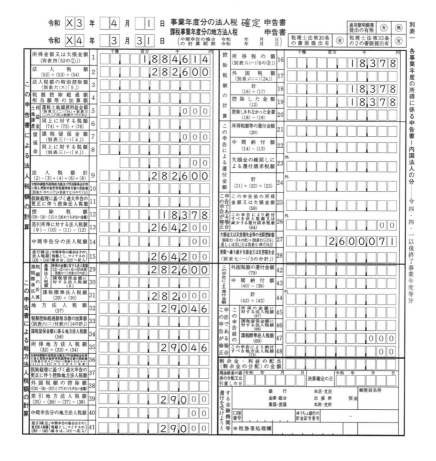

所得金額を別表１の１に転記。これはいいけれど、２の法人税
額は（52）＋（53）＋（54）って書いてある。（52）（53）（54）っ
てどこだろう？

別表１次葉にあるよ。

【別表１次葉】

事業年度等	X3.4.1 X4.3.31	法人名	㈱霧島

法 人 税 額 の 計 算

(1) のうち中小法人等の年800万円相当額以下の金額 ((1)と800万円×□/12のうち少ない金額)又は(別表一付表「5」)	49	1,884,000	(49)の15％又は19％相当額 52	282,600
(1) のうち特例税率の適用がある協同組合等の年10億円相当額を超える金額 (1)－10億円×□/12	50	000	(50)の22％相当額 53	
その他の所得金額 (1)－(49)－(50)	51	000	(51)の19％又は23.2％相当額 54	

地 方 法 人 税 額 の 計 算

所得の金額に対する法人税額 (29)	55	282,000	(55)の10.3％相当額 57	29,046
課税留保金額に対する法人税額 (30)	56	000	(56)の10.3％相当額 58	

こ の 申 告 が 修 正 申 告 で あ る 場 合 の 計 算

こ の 申 告 前 の 法 人 税 額 の 計 算	所得金額又は欠損金額	59		地 方 法 人 税 額 の 計 算	所得の金額に対する法人税額	67	
	課税土地譲渡利益金額	60			課税留保金額に対する法人税額	68	
	課 税 留 保 金 額	61		この申告前の	課税標準法人税額 (67)＋(68)	69	000
	法 人 税 額	62			確定地方法人税額	70	
	還 付 金 額	63 外			還 付 金 額	71	
この申告前の	この申告により納付すべき法人税額又は減少する還付請求税額 ((15)-(62))若しくは((15)+(63))又は(63)-(24)	64 外	00		欠損金の繰戻しによる還 付 金 額	72	
	欠損金又は災害損失金等の当期控除額	65			この申告により納付すべき地方法人税額 ((41)-(70))若しくは((41)+(71)+(72))又は(((71)-(44))+((72)-(44の外書)))	73	00
	翌期へ繰り越す欠損金又は災害損失金	66					

土 地 譲 渡 税 額 の 内 訳

土 地 譲 渡 税 額 (別表三(二)「27」)	74	0	土 地 譲 渡 税 額 (別表三(三)「23」)	76	00
同 上 (別表三(二の二)「28」)	75	0			

地 方 法 人 税 額 に 係 る 外 国 税 額 の 控 除 額 の 計 算

外 国 税 額 (別表六(二)「57」)	77		控除しきれなかった金額 (77)－(78)	79	
控 除 し た 金 額 (38)	78				

法人税の課税標準は所得金額。まず次葉で㈱霧島は中小法人等だから、所得800万円までは税率15%で282,600円。この金額を別表1の2に転記。

課税標準？

課税の対象となるもの、という意味よ。税率を掛けるもの、と捉えた方がわかりやすいかしら。

課税標準はいろいろなんだよ。所得金額を課税標準とするものもあれば、法人税額だったり。

税の種類		課税標準
法人税		所得金額
地方法人税		法人税額
事業税	所得割額	法人税の所得金額
	付加価値割	（資本金1億円以下の場合なし）
	資本割	（資本金1億円以下の場合なし）
	収入割	収入金額（電気・ガス・保険会社）
特別法人事業税		事業税の所得割額
都道府県民税	法人税割額	法人税額
	均等割	資本金と従業員数による
市町村民税	法人税割額	法人税額
	均等割	資本金と従業員数による

こんなにバラバラなんだ

法人税

法人税額を計算するよ。別表1の右側。源泉所得税の額を「16所得税の額」に記載。18、19にも同額が入るね。それを12に転記。

9の282,600円から源泉所得税18,378円を控除して、264,222円。

国税の確定金額に100円未満の端数があるとき、又はその全額が100円未満であるときは、その端数金額又はその全額を切り捨てるよ（国税通則法第119条第1項）。地方税も同じだね（地方税法第20条の4の2第3項）。

法人税額は264,200円。

地方法人税

地方法人税は、地方法人税額＝法人税額×10.3％でしたね。

地方法人税の課税標準は法人税額なんだ。

でも気を付けて。税率を掛けるときは千円未満は切り捨ててからだよ（国税通則法第118条第1項、地方税法第20条の4の2第1項）。ついでに、源泉所得税を差し引く前の年税額だよ。

別表1の次葉で 282,600 円を千円未満切捨てで 282,000 円× 10.3% = 29,046 円。29,000 円ですね。

地方税

次は第6号様式。地方自治体に申告する分だね。

【第6号様式】

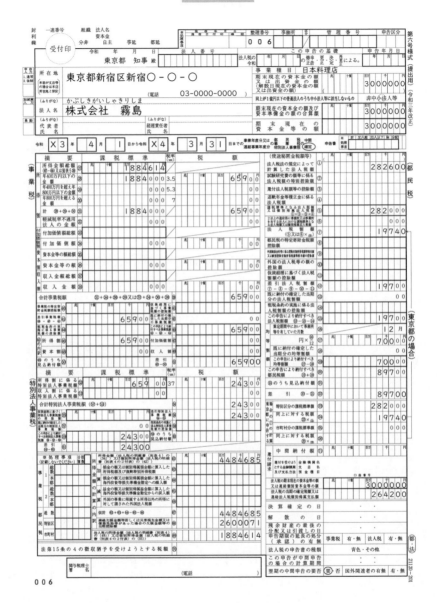

事業税

まずは左側下。事業税の計算は通常法人税の所得金額をそのまま使うよ。

課税標準ってほんとにいろいろなんですね。

そうなんだよね。事業税は法人税の所得金額。でも、そうじゃないときもあるんだ、そのときにここで所得金額を計算する。例えば㊳の「損金の額又は個別帰属損金額に算入した所得税額及び復興特別所得税額」。

個別帰属損金額？

それは連結納税しているときの話だから無視していいよ。大事なのは「損金の額」。これ、源泉所得税の話なんだ。

事業税の計算をする場合、源泉所得税は損金不算入と決まっている。もし、法人税の計算で損金算入して税額控除や還付を受けないのであれば、ここで加算をする必要があるんだよ。

今回は、損金不算入として法人税の計算をしているので㊳に数字は入らない、ってことですね。

そうだね。㊷を㊼に写して、㊼から欠損金の㊽を差し引いた法人税の計算と同じ所得 1,884,614 円を㉗に記載。

年400万円の所得枠だから税率3.5%。税額は65,940円で百円未満切捨てで65,900円。

付加価値割、資本割、収入割というところには何も入らないの？

付加価値割と資本割は外形標準課税だね。資本金が1億円を超えないと用はないんだ。

大会社だけですね。

収入割は電気供給業者やガス供給会社、保険会社のような所得額を課税標準にするのは適当でないとされる法人に対して収入金額を課税標準としている。

じゃあ、僕が見ている中小企業には関係ないのか。

■ 特別法人事業税

次は、特別法人事業税。課税標準は法人事業税の所得割額×37%だよ。

65,900円×37%で24,383円。百円未満切捨てで24,300円か。

都民税

さて、最後の都民税。都民税には法人税割と均等割がある。
資本金の額と所得の額で使う税率が変わってくる。

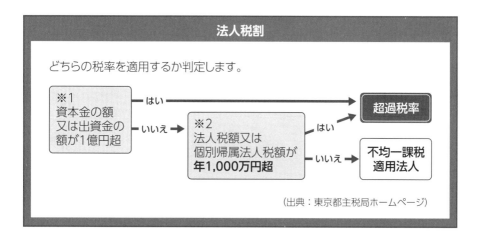

法人税割

どちらの税率を適用するか判定します。

※1
資本金の額
又は出資金の
額が1億円超

はい → 超過税率

いいえ →

※2
法人税額又は
個別帰属法人税額が
年1,000万円超

はい → 超過税率

いいえ → 不均一課税
適用法人

(出典：東京都主税局ホームページ)

超過税率？

地方税には、地方自治体の条例により、地方税法に定められて
いる標準税率よりも高い税率で税金を課すことができる税目が
あるんだ。これを「超過課税」といい、その際に用いられる税
率を「超過税率」というよ。

㈱霧島は図に当てはめると、不均一課税適用法人ですね。

そう。不均一課税適用法人の税率は、23区内に事務所等がある場合、7％。市町村に事務所等がある場合、1％。㈱霧島は東京都にあるから、右側下の「東京都に申告する場合の⑦の計算」をするよ。課税標準は法人税額なんだけど、税額控除前の税額だから気を付けて。

そうすると、㉓は法人税の申告書別表1「9　法人税額」282,600円の千円未満を切り捨てた282,000円。7％を掛けて⑦は19,740円。百円未満切捨てで⑫は19,700円。

これと、均等割が7万円。都民税は19,700円と7万円を足して89,700円。

税額の合計

法人税	264,200円
地方法人税	29,000円
都民税	89,700円
事業税	65,900円
特別法人事業税	24,300円
合計	473,100円

この税額を仕訳すると？

法・住・事　473,100円　／　未払法人税等　473,100円

前提としてはこうだったよね。

税引前当期利益	4,500,000 円
法人税・住民税・事業税	18,378 円
税引後当期利益	4,481,622 円

追加仕訳を入れると、法・住・事は法人税等の額 473,100 円と源泉所得税の額 18,378 円の合計 491,478 円になるから、税引後利益は 4,008,522 円だね。

税引前当期利益	4,500,000	
法・住・事	491,478	(473,100＋18,378)
税引後当期利益	4,008,522	

特別区ではない場合

特別区じゃないところに会社がある場合って地方税の申告書が 2 枚になるんですよね？

そうだね。あと別表 5（2）も少し変わる。会社が特別区にある場合と東京都町田市にある場合で比べてみようか。

【特別区に会社がある場合の別表5（2）】

租税公課の納付状況等に関する明細書

事業年度　X3・4・1 ～ X4・3・31　法人名　㈱霧島

税目及び事業年度					期首現在未納税額 ①	当期発生税額 ②	当期中の納付税額 充当金取崩しによる納付 ③	仮払経理による納付 ④	損金経理による納付 ⑤	期末現在未納税額 ①+②-③-④-⑤ ⑥
法人税及び地方法人税		・　・		1	円		円	円	円	円
		・　・		2						
	当期分	中　間		3		円				
		確　定		4		293,200				293,200
		計		5		293,200				293,200
道府県民税		・　・		6						
		X2・4・1 X3・3・31		7	70,000		70,000			0
	当期分	中　間		8						
		確　定		9		89,700				89,700
		計		10	70,000	89,700	70,000			89,700
市町村民税		・　・		11						
		・　・		12						
	当期分	中　間		13						
		確　定		14						
		計		15						
事業税及び特別法人事業税		・　・		16						
		・　・		17						
	当期中間分			18						
		計		19						
そ の 他	損金算入のもの	利　子　税		20						
		延滞金（延納に係るもの）		21						
				22						
				23						
	損金不算入のもの	加算税及び加算金		24						
		延　滞　税		25						
		延滞金（延納分を除く。）		26						
		過　怠　税		27						
		源泉所得税等		28		18,378			18,378	0
				29						

納税充当金の計算

期首納税充当金	30	70,000 円		取崩額	そ の 他	損金算入のもの	36	円
繰入額	損金経理をした納税充当金	31	473,100			損金不算入のもの	37	
		32					38	
	計 (31)+(32)	33	473,100			仮払金消却	39	
取崩額	法人税額等 (5の③)+(10の③)+(15の③)	34	70,000		計 (34)+(35)+(36)+(37)+(38)+(39)	40	70,000
	事業税及び特別法人事業税 (19の③)	35			期末納税充当金 (30)+(33)-(40)	41	473,100

【東京都町田市（特別区ではない）に会社がある場合の別表５（２）】

租税公課の納付状況等に関する明細書

事業年度	X3・4・1 X4・3・31	法人名	㈱霧島

別表五(二) 令四・四・一以後終了事業年度分

税目及び事業年度			期首現在未納税額 ①	当期発生税額 ②	当期中の納付税額			期末現在未納税額 ①+②-③-④-⑤ ⑥
					充当金取崩しによる納付 ③	仮払経理による納付 ④	損金経理による納付 ⑤	
法人税及び地方法人税	・ ・	1	円		円	円	円	円
	・ ・	2						
	当期分 中間	3		円				
	当期分 確定	4		293,200				293,200
	計	5		293,200				293,200
道府県民税		6						
	X2・4・1 X3・3・31	7	20,000		20,000			0
	当期分 中間	8						
	当期分 確定	9		22,800				22,800
	計	10	20,000	22,800	20,000			22,800
市町村民税		11						
	X2・4・1 X3・3・31	12	50,000		50,000			0
	当期分 中間	14						
	当期分 確定	14		66,900				66,900
	計	15	50,000	66,900	50,000			66,900
特別法人事業税及び事業税	・ ・	16						
	・ ・	17						
	当期中間分	18						
	計	19						
その他 損金算入のもの	利子税	20						
	延滞金（延納に係るもの）	21						
		22						
		23						
損金不算入のもの	加算税及び加算金	24						
	延滞税	25						
	延滞金（延納分を除く。）	26						
	過怠税	27						
	源泉所得税等	28		18,378			18,378	0
		29						

	納 税 充 当 金 の 計 算					
期首納税充当金	30	70,000 円	そ の 他 取 崩 額	損金算入のもの	36	円
繰入額 損金経理をした納税充当金	31	473,100		損金不算入のもの	37	
	32				38	
計 (31)＋(32)	33	473,100		仮払税金消却	39	
取崩額 法人税額等 (5の③)＋(10の③)＋(15の③)	34	70,000		計 (34)＋(35)＋(36)＋(37)＋(38)＋(39)	40	70,000
事業税及び特別法人事業税 (19の③)	35		期末納税充当金 (30)＋(33)－(40)		41	473,100

特別区に会社があると市町村民税の欄は空欄ですけど、町田市は特別区ではないので数字が入ってますね。

事業税の欄に数字は入らないの？

事業税は前期の未払と当期中間分を書くんだ。**当期中に損金になる額だけ書く**んだよ。

今期初めて黒字化したので、事業税はまだ納めてないから何も入らないんですね。

【特別区に会社がある場合の第６号様式】

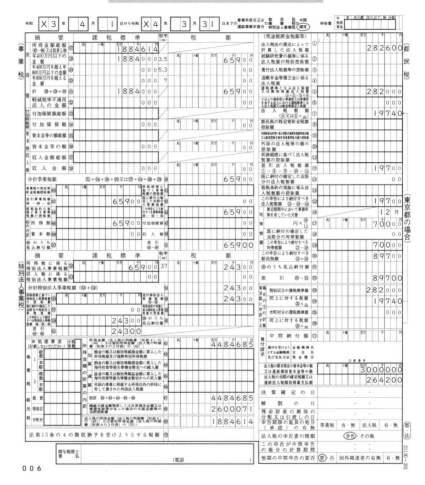

令和 X3 年 4 月 1 日から令和 X4 年 3 月 31 日までの 事業年度分又は連結事業年度分 確定 申告書

（事業税）

摘要	課税標準	税率	税額
所得金額総額 ㊵（㊹又は前年分）	1884614		
年400万円以下の金額	1884000	3.5	65900
年400万円を超え年800万円以下の金額	0	5.3	0 0
年800万円を超える金額	0	7.7	0 0
計 ㉝＋㉞＋㉟	1884000		65900
軽減税率不適用法人の金額	0 0		0 0
付加価値額総額			
付加価値額	0 0 0		0 0
資本金等の額総額			
資本金等の額	0 0 0		0 0
収入金額総額			
収入金額	0 0 0		0 0
合計事業税額 ㊿＋㉞＋㉟又は㊷＋㊸＋㊹			65900

（特別法人事業税）

摘要	課税標準	税率	税額
所得割に係る特別法人事業税額 収入割に係る特別法人事業税額	65900	37	24300
合計特別法人事業税額（㊻＋㊼）			24300

（都民税）

（逃付税額又は欠損金額等）	
法人税法の規定によって計算した法人税額 ①	282600
試験研究費の額等に係る法人税額の特別控除額 ②	
還付法人税額の控除額 ③	
退職年金等積立金に係る法人税額 ④	
課税標準となる法人税額又は個別帰属法人税額 ①＋②－③＋④ ⑤	282000
法人税割額 ⑤又は⑥×⑦ ⑧	19740
差引法人税割額 ⑦－⑨－⑩－⑪ ⑫	19700
この申告により納付すべき法人税割額 ⑫－⑬ ⑭	19700

（東京都の場合）

均等割額	70000
この申告により納付すべき都民税額 ⑩＋⑱ ⑲	89700
㉑のうち見込納付額 ㉒	
差引 ⑲－㉒ ㉓	89700
特別区分の課税標準額	282000
同上に対する税額	19740
市町村分の課税標準額	
同上に対する税額	0 0
中間納付額 ⑰	

006

特別区に会社がある場合、地方税は都にのみ提出する。法人税割額が 19,700 円、均等割額は 70,000 円。

均等割額のところ⑰の前の部分に数字は入らない。⑰は 23 区の場合、第６号様式別表４の３で計算した数値を記入する。

【東京都町田市（特別区ではない）に会社がある場合の第6号様式】

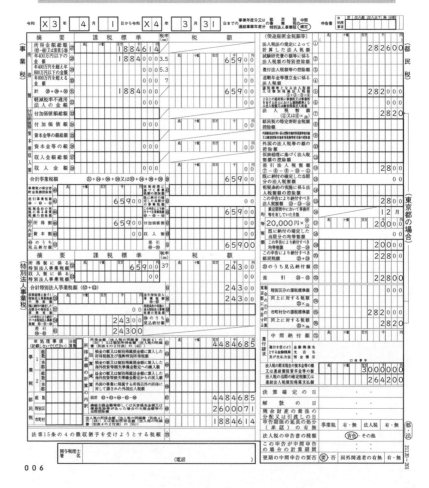

特別区でもそうじゃなくても左側は同じになるけれど右側はちがう。

市町村に事務所等がある場合、都民税の法人税割額は⑤の1%で2,820円が100円未満切捨てで2,800円。均等割は20,000円で、都民税は合計22,800円。

【第20号様式】

X3年 **4**月 **1**日から **X4**年 **3**月 **31**日までの 事業年度分又は連結事業年度分 の 市民税の **確定** 申告書

摘　　要		課税標準（円）	税率（1/100）	法人税割額 税額（円）
（使途秘匿金税額等） 法人税法の規定によって計算した法人税額	①	（　　　） 282,600	（　）	
試験研究費の額等に係る法人税額の特別控除額	②			
還付法人税額等の控除額	③			
退職年金等積立金に係る法人税額	④			
課税標準となる法人税額又は個別帰属法人税額及びその法人税割額　①+②-③+④	⑤	282,000	6	16,920
2以上の市町村に事業所又は事業所を有する法人における課税標準となる法人税額又は個別帰属法人税額及びその法人税割額　(⑤/㉒×㉓)	⑥			0
市町村民税の特定寄附金税額控除額	⑦			
外国関係会社等に係る控除対象所得税額等相当額又は個別控除対象所得税額等相当額の控除額	⑧			
外国の法人税等の額の控除額	⑨			
仮想経理に基づく法人税割額の控除額	⑩			
差引法人税割額　⑤-⑦-⑧-⑨-⑩又は⑥-⑦-⑧-⑨-⑩	⑪			16,900
既に納付の確定した当期分の法人税割額	⑫			
租税条約の実施に係る法人税割額の控除額	⑬			
この申告により納付すべき法人税割額⑪-⑫-⑬	⑭			16,900
均等割額	算定期間中において事務所等を有していた月数	⑮ 12 月 50,000 円×⑮/12	⑯	50,000
	既に納付の確定した当期分の均等割額	⑰		
	この申告により納付すべき均等割額　⑯-⑰	⑱		50,000
この申告により納付すべき市町村民税額　⑭+⑱	⑲			66,900
⑲のうち見込納付額	⑳			
差引　⑲-⑳	㉑			66,900

町田市内に所在する事務所、事業所又は寮等		分　割　基　準		町田市分の均等割の税率適用区分に用いる従業者数
名　称	事務所、事業所又は寮等の所在地	当該法人の全従業者数	左のうち町田市分の従業者数	
本店	町田市○○ 1-1-1		3	3
合　　計		㉒ 3	㉓ 3	㉔ 3

町田市へは市民税の申告書を提出する。

課税標準は法人税額だから、①に法人税額を記入。税率をかけて法人税割が出る。あとは均等割5万円をたして、今回の納付額は㉑の 66,900 円だね。

来期中間納付アリ

今期は法人税の税額が 20 万円を超えているから、来期中間申告が必要。正しくは前事業年度の確定税額÷事業年度の月数×6で計算した金額が 10 万円超の場合だね。中間申告の方法は2つあるよ。

【中間申告の方法】

・前年度実績による予定申告

・仮決算による中間申告

たいてい予定申告を選ぶことが多いけれど、当期、どう考えても前期の半分なんて税額は出ないと思われるような業績で、去年の半分の税額を中間で納めるのはキャッシュを圧迫するから避けたい場合、仮決算を組んで申告することがある。

反対に、仮決算で去年の税額の半分を超える申告になる場合、仮決算はできないんですよね。

そうなんだ。昔、期中の業績が良い状態の仮決算で中間申告をして、通期だと業績が良くなくて還付を受けて還付加算金をもらうというのが流行ってね。

?

?

?

還付加算金は昔、市場金利よりもかなり高い利率で計算されていて、預金口座に入れておくよりも、国に預けておいて還付を受けたほうが得だったんだよ。

それで、予定申告の税額を超えていたら仮決算での申告はできなくなったんですね。

割掛けと掛割り

今回の法人税額は264,200円だから、来期の中間納税額は
264,200 ÷ 12 = 22,016.6666……
→ 22,016 × 6 = 132,096 → 132,000円。

ここ、割掛けなんだよね。

割掛け？

割ってから掛けるんだ。法人税、地方法人税、事業税、特別法人事業税は先に前期の事業年度の月数で割って6倍する。住民税（都民税）は先に6倍してから前期の事業年度の月数で割るんだよ。

もし、264,200円を掛割り、つまり掛けてから割ると、264,200円 × 6 ÷ 12 = 132,100円。100円納税額が変わってしまいますね。

そうなんだよ。小さなところだけど、割掛けと掛割りの違いを覚えておいて欲しいんだよね。

【本社が特別区にある場合の予定申告税額】

	今期の税額	来期予定申告税額
法人税	264,200 円	132,000 円
地方法人税	29,000 円	14,400 円
都民税	89,700 円	44,800 円
事業税	65,900 円	32,900 円
特別法人事業税	24,300 円	12,100 円

町田市にある場合にはこうなるよ。

【本社が町田市にある場合の予定申告税額】

	今期の税額	来期予定申告税額
法人税	264,200 円	132,000 円
地方法人税	29,000 円	14,400 円
都民税	22,800 円	11,400 円
市民税	66,900 円	33,400 円
事業税	65,900 円	32,900 円
特別法人事業税	24,300 円	12,100 円

別表5（1）を見てみよう

【別表5（1）】

繰越損益金（損は赤）	25	△2,743,686	△2,743,686		1,264,836		1,264,836
納税充当金	26	70,000	70,000		473,100		473,100
未納法人税等（退職年金等積立金に対するものを除く。）	未納法人税及び未納地方法人税（附帯税を除く。）	27	△	△	中間 △ 確定 △ 293,200	△	293,200
	未払通算税効果額（附帯税の額に係る部分の金額を除く。）	28			中間 確定		
	未納道府県民税（均等割額を含む。）	29	△ 70,000	△ 70,000	中間 △ 確定 △ 89,700	△	89,700
	未納市町村民税（均等割額を含む。）	30	△	△	中間 △ 確定 △ 0	△	0
差引合計額	31	△2,743,686	△2,743,686		1,355,036		1,355,036

税計算をバーッと見てきたけど、他の別表も見ておこう。別表5（1）は税務上の貸借対照表だけど、個別の資産負債勘定科目を書くわけじゃなくて、純資産の部の利益剰余金をベースに会計上と税務上のズレを書いている。

損益計算書の当期純利益が貸借対照表の繰越利益剰余金として蓄積されていく。個別の勘定科目ではなく、利益剰余金、つまり税務上の「利益積立金」の増減で会計上の貸借対照表を税務上の貸借対照表に表現し直しているんだ。

貸借対照表

資　産	負債
	買掛金
	未払法人税等
	資本金
	資本剰余金
	資本準備金
	利益剰余金
	利益準備金
	別途積立金
	繰越利益剰余金

 だから未払法人税等である納税充当金はプラスなんですね！納税充当金は会計上は債務だけど、税務上は債務が確定していないから、税務上負債には載せたくない。

 未納法人税等は税務上の負債になるからマイナス表示？

というか、損金算入される事業税以外の税金の扱いは「利益積立金の処分」なんだよね（第1章参照）。それに、利益積立金は税引後の留保所得。法人税や地方税は所得じゃないから、留保所得として、つまり利益積立金として法人税や地方税を別表5（1）に残すわけにはいかないんだ。

利益積立金額＝留保所得金額－法人税、地方法人税及び住民税－株主配当額

そこで、納税充当金が一番下の「差引合計額」に反映されるのではなく、そこから所得に含まない正しい税額の法人税や地方法人税、住民税を控除しているんだよね。

第4章

中間納付のある申告書

中間納付あります

前期は法人税の税額が 20 万円を超えていたから、中間申告が必要だったね。正しくは前事業年度の確定税額÷事業年度の月数×6で計算した金額が 10 万円超の場合。中間申告の方法は 2 つあったよね。

はい。前年度実績による予定申告と仮決算による中間申告でしたよね。

OK。たいてい予定申告を選ぶことが多い。
今回も予定申告で問題ないから、予定申告で説明するよ。

割掛けと掛割りの復習

さて、前事業年度の確定税額は、別表 1 の「13　差引所得に対する法人税額」を見るよ。ここが 20 万円超えているかどうかだったよね。

今回の法人税額は 264,200 円だから、来期の中間納税額は
264,200 ÷ 12 = 22,016.6666……
→ 22,016 × 6 = 132,096 → 132,000 円。

で、ここは割掛けでしたよね。

そうだね。法人税、地方法人税、事業税、特別法人事業税は先に前期の事業年度の月数で割って6倍する。都民税は先に6倍してから前期の事業年度の月数で割る。

地方法人税は「39　差引地方法人税額」を見るんだよね。

予定申告の基礎となる税額と、予定申告税額はこんな感じになるわね。

【本社が特別区にある場合の予定申告税額】

	前期の税額	今期予定申告税額
法人税	264,200 円	132,000 円
地方法人税	29,000 円	14,400 円
都民税	89,700 円	44,800 円
事業税	65,900 円	32,900 円
特別法人事業税	24,300 円	12,100 円

特別区にない場合にはこうなるよ。

【本社が町田市にある場合の予定申告税額】

	前期の税額	今期予定申告税額
法人税	264,200 円	132,000 円
地方法人税	29,000 円	14,400 円
都民税	22,800 円	11,400 円
市民税	66,900 円	33,400 円
事業税	65,900 円	32,900 円
特別法人事業税	24,300 円	12,100 円

源泉所得税を租税公課で処理する場合

中間納付のある場合の別表を見てみよう。源泉所得税を「租税公課」で処理している前提で考えてみよう。

中間がある場合も、一旦年税額を出すよ。まず、別表4で所得を出さないとね。その所得から年税額を出して中間分を加味して申告書を作成していくんだけど。

税引「前」当期利益からどうやって税額を計算したらいいかな？

【前提】

前期未払法人税等納付

未払法人税等　　　　　　473,100　／　預金　　　　473,100

前期未払法人税等内訳

法人税	264,200 円
地方法人税	29,000 円
都民税	89,700 円
事業税	65,900 円
特別法人事業税	24,300 円

当期中間納付分

仮払税金　　　　　　　　236,200　／　預金　　　　236,200

当期中間納付分内訳

法人税	132,000 円
地方法人税	14,400 円
都民税	44,800 円
事業税	32,900 円
特別法人事業税	12,100 円

<table>
<tr><td colspan="4">**当期中利息受取りと源泉所得税天引き**</td></tr>
<tr><td>預金</td><td>84,685</td><td>受取利息</td><td>100,000</td></tr>
<tr><td>租税公課</td><td>15,315</td><td></td><td></td></tr>
</table>

上記仕訳を全て含む

税引前当期利益　2,000,000 円

えーと、税引前当期利益はすでに租税公課（源泉所得税）を負担しているから、今回は減算欄に入れなくて OK ？

正解。別表 4 の当期利益のところに税引前当期利益を入れればいい。それと、事業税の扱いがポイントになってくるね。

事業税は損金算入

事業税は損金算入なんだけど。

事業税と特別法人事業税が損金算入なんですよね。

そうだね。事業税は地方行政サービスの利用コストの負担みたいなものだから損金算入なんだけど、いつ損金算入するか、時期が問題。

払ったら、ですか？

正しくは申告時点で損金算入。前期末の未納税額は当期に申告しているから、当期の損金となるんだ。申告すると債務として確定する。納税したか、とはちょっと違うんだ。

じゃあ、前期末に計上した事業税と特別法人事業税の額も当期に申告しているから当期の損金?

そうだね。65,900円＋24,300円＝90,200円を「13 納税充当金から支出した事業税等の金額」に記載。

あと、当期の中間分ですね。

そうだね。当期の中間分の事業税等は、まだ「仮払税金」として資産計上しているから損金経理されていない。税引前当期利益は事業税等を負担していないんだ。

でも、当期の中間分の事業税等 32,900円＋12,100円＝45,000円は申告済みです。

だから、減算欄に入れてあげないといけないんだ。

当期

前期確定申告
事業税＋特別法人事業税
90,200

仕訳　未払法人税等／預金

中間申告
事業税＋特別法人事業税
45,000

仕訳　仮払税金／預金

**この状態だと税引前当期利益は当期中に申告をした
事業税・特別法人事業税を損金経理していない**

中間分は税額を計算するときだけの便宜上であって、最終版では消えるよ。

消える？

最終版の申告書だと中間分の事業税等はそのものの金額を減算じゃなくて、差引で表示されるんだよ。あとで説明するよ。
これで所得が出る。

【別表４】

区　　　　　分			総　　　　額 ①
当期利益又は当期欠損の額		1	2,000,000 円
加算	損金経理をした法人税及び地方法人税（附帯税を除く。）	2	
	損金経理をした道府県民税及び市町村民税	3	
	損金経理をした納税充当金	4	
	損金経理をした附帯税（利子税を除く。）、加算金、延滞金（延納分を除く。）及び過怠税	5	
	減価償却の償却超過額	6	
	役員給与の損金不算入額	7	
	交際費等の損金不算入額	8	
	通算法人に係る加算額（別表四付表「5」）	9	
		10	
	小　　　計	11	
減算	減価償却超過額の当期認容額	12	
	納税充当金から支出した事業税等の金額	13	90,200
	受取配当等の益金不算入額（別表八（一）「13」又は「26」）	14	
	外国子会社から受ける剰余金の配当等の益金不算入額(別表八(二)「26」)	15	
	受贈益の益金不算入額	16	
	適格現物分配に係る益金不算入額	17	
	法人税等の中間納付額及び過誤納に係る還付金額	18	
	所得税額等及び欠損金の繰戻しによる還付金額等	19	
	通算法人に係る減算額（別表四付表「10」）	20	
	仮払税金中間事業税	21	45,000
	小　　　計	22	135,200
仮　　　計 (1)＋(11)－(22)		23	1,864,800
対象純支払利子等の損金不算入額（別表十七（二の二）「29」又は「34」）		24	
超過利子額の損金算入額（別表十七(二の三)「10」）		25	△
仮　　　計 ((23)から(25)までの計)		26	1,864,800
寄附金の損金不算入額（別表十四(二)「24」又は「40」）		27	
法人税額から控除される所得税額（別表六(一)「6の③」）		29	15,315
税額控除の対象となる外国法人税の額（別表六(二の二)「7」）		30	
分配時調整外国税相当額及び外国関係会社等に係る控除対象所得税額等相当額(別表六(五の二)「5の②」+別表十七(三の六)「1」)		31	
合　　　計 (26)＋(27)＋(29)＋(30)＋(31)		34	1,880,115
中間申告における繰戻しによる還付に係る災害損失欠損金額の益金算入額		37	
非適格合併又は残余財産の全部分配等による移転資産等の譲渡利益額又は譲渡損失額		38	
差　　引　　計 (34)＋(37)＋(38)		39	1,880,115
更生欠損金又は民事再生等評価換えが行われる場合の再生等欠損金の損金算入額(別表七(三)「9」又は「21」)		40	△
通算対象欠損金額の損金算入額又は通算対象所得金額の益金算入額(別表七の三「5」又は「11」)		41	
差　　引　　計 (39)＋(40)±(41)		43	1,880,115
欠損金又は災害損失金等の当期控除額（別表七(一)「4の計」+別表七(四)「10」）		44	△
総　　　計 (43)＋(44)		45	1,880,115
残余財産の確定の日の属する事業年度に係る事業税及び特別法人事業税の損金算入額		51	△
所得金額又は欠損金額		52	1,880,115

この所得金額を使って税額を計算すれば OK。まず年税額を出して（第3章参照）、そこから中間分を差し引けば期末未納付の未払法人税等の額が出る。税額を一覧にするとこんな感じ。

【税額一覧表】

	中間分		期末分		年税額	
法人税	132,000	146,400	134,600	149,200	266,600	295,600
地方法人税	14,400		14,600		29,000	
都民税　均等割	35,000	44,800	35,000	44,900	70,000	89,700
都民税　法人税割	9,800		9,900		19,700	
事業税	32,900	45,000	32,900	45,100	65,800	90,100
特別法人事業税	12,100		12,200		24,300	
合計	236,200		239,200		475,400	

当期確定税額未払計上

法・住・事　　　　　　475,400　／　未払法人税等　239,200
　　　　　　　　　　　　　　　　　　　仮払税金　　　 236,200

ここから、別表4の当期利益を税引後当期利益に直していくよ。

税引前当期利益　　　2,000,000
法・住・事　　　　　　 475,400
税引後当期利益　　　1,524,600

当期利益を税引後の1,524,600円に直して、「2 損金経理をした法人税及び地方法人税」に中間納付分の132,000円＋14,400円＝146,400円を記載。「3 損金経理をした道府県民税及び市町村民税」に中間納付分の44,800円を記載。「4 損金経理をした納税充当金」、これは未払法人税等だから期末分合計の239,200円を記載する。

あれ、中間分の事業税32,900円と特別法人事業税12,100円の合計45,000円は加算していない。

【税額一覧表】

	中間分		期末分		年税額	
法人税	132,000	146,400	134,600	149,200	266,600	295,600
地方法人税	14,400		14,600		29,000	
都民税　均等割	35,000	44,800	35,000	44,900	70,000	89,700
都民税　法人税割	9,800		9,900		19,700	
事業税	32,900	45,000	32,900	45,100	65,800	90,100
特別法人事業税	12,100		12,200		24,300	
合計	236,200		239,200		475,400	

税引後当期利益は年税額をすべて負担した後の利益だよね。それに「4 損金経理をした納税充当金」に計上した未払法人税等と「2 損金経理をした法人税及び地方法人税」と「3 損金経理をした道府県民税及び市町村民税」、この損金不算入の税金の中間分を加算すると、事業税と特別法人事業税の中間分だけ損金経理ってなるでしょ。

なるほど。税額計算のときには減算欄に入れた分が、最終版では差額で損金経理になるんだ。そうすると、税額仮計算のときの減算欄「仮払税金　中間事業税」に入れた45,000円を消しておかないといけないのか。

そうだね。「13　納税充当金から支出した事業税等の金額」に記載した 65,900 円＋ 24,300 円＝ 90,200 円は前期末の未払法人税等の中に入っていた事業税等。これは当期中に申告しているものだし、当期利益は負担していないからこのまま減算欄に記載したままで OK。

【別表４】

区　　　分		総　　　額 ①
当期利益又は当期欠損の額	1	円 1,524,600
加算　損金経理をした法人税及び地方法人税（附帯税を除く。）	2	146,400
損金経理をした道府県民税及び市町村民税	3	44,800
損金経理をした納税充当金	4	239,200
損金経理をした附帯税（利子税を除く。）、加算金、延滞金（延納分を除く。）及び過怠税	5	
減価償却の償却超過額	6	
役員給与の損金不算入額	7	
交際費等の損金不算入額	8	
通算法人に係る加算額（別表四付表「5」）	9	
	10	
小　　　計	11	430,400
減算　減価償却超過額の当期認容額	12	
納税充当金から支出した事業税等の金額	13	90,200
受取配当等の益金不算入額（別表八（一）「13」又は「26」）	14	
外国子会社から受ける剰余金の配当等の益金不算入額（別表八（二）「26」）	15	
受贈益の益金不算入額	16	
適格現物分配に係る益金不算入額	17	
法人税等の中間納付額及び過誤納に係る還付金額	18	
所得税額及び欠損金の繰戻しによる還付金額等	19	
通算法人に係る減算額（別表四付表「10」）	20	
	21	
小　　　計	22	90,200
仮　　　計（1）＋（11）－（22）	23	1,864,800
対象純支払利子等の損金不算入額（別表十七（二の二）「29」又は「34」）	24	
超過利子額の損金算入額（別表十七（二の三）「10」）	25	△
仮　　　計（（23）から（25）までの計）	26	1,864,800
寄附金の損金不算入額（別表十四（二）「24」又は「40」）	27	
法人税額から控除される所得税額（別表六（一）「6の③」）	29	15,315
税額控除の対象となる外国法人税の額（別表六（二の二）「7」）	30	
分配時調整外国税相当額及び外国関係会社等に係る控除対象所得税額等相当額（別表六（五の二）「5の②」＋別表十七（三の六）「1」）	31	
合　　　計（26）＋（27）＋（29）＋（30）＋（31）	34	1,880,115
中間申告における繰戻しによる還付に係る災害損失欠損金額の益金算入額	37	
非適格合併又は残余財産の全部分配等による移転資産等の譲渡利益額又は譲渡損失額	38	
差　　　引　　　計（34）＋（37）＋（38）	39	1,880,115
更生欠損金又は民事再生等評価換えが行われる場合の再生等欠損金の損金算入額（別表七（三）「9」又は「21」）	40	△
通算対象欠損金額の損金算入額又は通算対象所得金額の益金算入額（別表七の三「5」又は「11」）	41	
差　　　引　　　計（39）＋（40）±（41）	43	1,880,115
欠損金又は災害損失金等の当期控除額（別表七（一）「4の計」＋別表七（四）「10」）	44	△
総　　　計（43）＋（44）	45	1,880,115
残余財産の確定の日の属する事業年度に係る事業税及び特別法人事業税の損金算入額	51	△
所得金額又は欠損金額	52	1,880,115

税引前当期利益スタートの別表4と、税引後当期利益スタートの別表4の所得が一致しましたね。

源泉所得税を租税公課で処理すると、申告書の税額を足し合わせた額と法・住・事が一致して見やすいな。

それに、税引前当期利益から税額を計算するときもわざわざ減算しなくていいから楽なんだよね。租税公課での処理は税務上は問題ないけれど、会計士が入っているような会社だと表示をきっちり、となるから租税公課じゃなくて法・住・事で処理していることが多いかな。

両建てで税額計算をする

税引前当期利益からの税額計算のときに、別表4の加算欄「2　損金経理をした法人税及び地方法人税」と「3　損金経理をした道府県民税及び市町村民税」に中間分の数字を埋めて、減算欄に仮払した中間納税額236,200円を記入して、差額で中間事業税を減算する、というやり方もあるよ。

加算欄の「2　損金経理をした法人税及び地方法人税」と「3　損金経理をした道府県民税及び市町村民税」はそのまま完成版の別表4に使えるんですね。

そうだね。次ページの左側が中間事業税のみを減算欄に書いている。右側は加算欄に中間法人税と中間住民税を書いて、減算欄に中間の法人税と住民税、事業税全額を書いて、差額で中間事業税を減算している。好きな方でいいよ。所得は同じになる。

【別表4】

左表

区分		総額 ① (円)
当期利益又は当期欠損の額	1	2,000,000
加算		
損金経理をした法人税及び地方法人税(附帯税を除く)	2	
損金経理をした道府県民税及び市町村民税	3	
損金経理をした納税充当金	4	
損金経理をした附帯税(利子税を除く)、加算金、延滞金(延納分を除く)及び過怠税	5	
減価償却の償却超過額	6	
役員給与の損金不算入額	7	
交際費等の損金不算入額	8	
通算法人に係る加算額(別表四付表「5」)	9	
	10	
小 計	11	
減算		
減価償却超過額の当期認容額	12	
納税充当金から支出した事業税等の金額	13	90,200
受取配当等の益金不算入額(別表八(一)「13」又は「26」)	14	
外国子会社から受ける剰余金の配当等の益金不算入額(別表八(二)「26」)	15	
受贈益の益金不算入額	16	
適格現物分配に係る益金不算入額	17	
法人税等の中間納付額及び過誤納に係る還付金額	18	
所得税額等及び欠損金の繰戻しによる還付金額等	19	
通算法人に係る減算額(別表四付表「10」)	20	
仮払税金中間事業税	21	45,000
小 計	22	135,200
仮 計 (1)+(11)-(22)	23	1,864,800
対象純支払利子等の損金不算入額(別表十七(二の三)「29」又は「34」)	24	
超過利子額の損金算入額(別表十七(二の三)「10」)	25	△
仮 計 ((23)から(25)までの計)	26	1,864,800
寄附金の損金不算入額(別表十四(二)「24」又は「40」)	27	
法人税額から控除される所得税額(別表六(一)「6の③」)	29	15,315
税額控除の対象となる外国法人税の額(別表六(二の二)「7」)	30	
	31	
合 計 (26)+(27)+(29)+(30)+(31)	34	1,880,115
中間申告における繰戻しによる還付に係る災害損失欠損金額の益金算入額	37	
非適格合併又は残余財産の全部分配等による移転資産等の譲渡利益額又は譲渡損失額	38	
差 引 計 (34)+(37)+(38)	39	1,880,115
更生欠損金又は民事再生等評価換えが行われる場合の再生等欠損金の損金算入額(別表七(三)「9」又は「21」)	40	△
通算対象欠損金額の損金算入額又は通算対象所得金額の益金算入額(別表七の二「5」又は「11」)	41	
差 引 計 (39)+(40)±(41)	43	1,880,115
欠損金又は災害損失金等の当期控除額(別表七(一)「4の計」+別表七(四)「10」)	44	△
総 計 (43)+(44)	45	1,880,115
残余財産の確定の日の属する事業年度に係る事業税及び特別法人事業税の損金算入額	51	△
所得金額又は欠損金額	52	1,880,115

右表

区分		総額 ① (円)
当期利益又は当期欠損の額	1	2,000,000
加算		
損金経理をした法人税及び地方法人税(附帯税を除く)	2	146,400
損金経理をした道府県民税及び市町村民税	3	44,800
損金経理をした納税充当金	4	
損金経理をした附帯税(利子税を除く)、加算金、延滞金(延納分を除く)及び過怠税	5	
減価償却の償却超過額	6	
役員給与の損金不算入額	7	
交際費等の損金不算入額	8	
通算法人に係る加算額(別表四付表「5」)	9	
	10	
小 計	11	191,200
減算		
減価償却超過額の当期認容額	12	
納税充当金から支出した事業税等の金額	13	90,200
受取配当等の益金不算入額(別表八(一)「13」又は「26」)	14	
外国子会社から受ける剰余金の配当等の益金不算入額(別表八(二)「26」)	15	
受贈益の益金不算入額	16	
適格現物分配に係る益金不算入額	17	
法人税等の中間納付額及び過誤納に係る還付金額	18	
所得税額等及び欠損金の繰戻しによる還付金額等	19	
通算法人に係る減算額(別表四付表「10」)	20	
仮払中間納税	21	236,200
小 計	22	326,400
仮 計 (1)+(11)-(22)	23	1,864,800
対象純支払利子等の損金不算入額(別表十七(二の三)「29」又は「34」)	24	
超過利子額の損金算入額(別表十七(二の三)「10」)	25	△
仮 計 ((23)から(25)までの計)	26	1,864,800
寄附金の損金不算入額(別表十四(二)「24」又は「40」)	27	
法人税額から控除される所得税額(別表六(一)「6の③」)	29	15,315
税額控除の対象となる外国法人税の額(別表六(二の二)「7」)	30	
	31	
合 計 (26)+(27)+(29)+(30)+(31)	34	1,880,115
中間申告における繰戻しによる還付に係る災害損失欠損金額の益金算入額	37	
非適格合併又は残余財産の全部分配等による移転資産等の譲渡利益額又は譲渡損失額	38	
差 引 計 (34)+(37)+(38)	39	1,880,115
更生欠損金又は民事再生等評価換えが行われる場合の再生等欠損金の損金算入額(別表七(三)「9」又は「21」)	40	△
通算対象欠損金額の損金算入額又は通算対象所得金額の益金算入額(別表七の二「5」又は「11」)	41	
差 引 計 (39)+(40)±(41)	43	1,880,115
欠損金又は災害損失金等の当期控除額(別表七(一)「4の計」+別表七(四)「10」)	44	△
総 計 (43)+(44)	45	1,880,115
残余財産の確定の日の属する事業年度に係る事業税及び特別法人事業税の損金算入額	51	△
所得金額又は欠損金額	52	1,880,115

差額で 45,000 円

源泉所得税を法・住・事で処理する場合

もし、源泉所得税を法・住・事で処理してたらどうなるのかな？

税引前当期利益が源泉所得税を負担していないってことになるわよね。今回の例だと、租税公課で処理していたから、源泉所得税を負担したあとの税引前当期利益が 200 万円ピッタリという設定だったから……。

「経費が租税公課の 15,315 円だけと考えると、収入は 2,015,315 円ということになる。その状態で、15,315 円を租税公課として表示するか、法・住・事で表示するか。

〈租税公課で処理〉		〈法・住・事で処理〉	
収入	2,015,315	収入	2,015,315
租税公課	15,315		
税引前当期利益	2,000,000	税引前当期利益	2,015,315
法人税、住民税、事業税	475,400	法人税、住民税、事業税	490,715
税引後当期利益	1,524,600	税引後当期利益	1,524,600

源泉所得税を法・住・事で処理する場合には、その分税引前当期利益が大きくなって、法・住・事も大きくなって、結果は変わらない、ってことになるんだね。

別表5（1）と別表5（2）

別表5（1）下の部分を見ておこう。繰越損益金は貸借対照表と株主資本等変動計算書の繰越利益剰余金と一致。納税充当金は貸借対照表の未払法人税等と一致はいいよね。納税充当金の欄と、別表5（2）の下「納税充当金の計算」の部分がつながっていたよね。

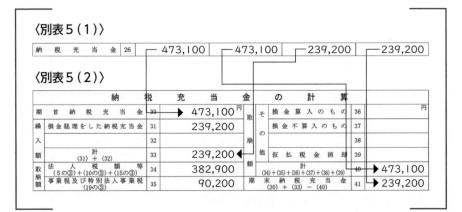

〈別表5（1）〉

納 税 充 当 金	26	473,100	473,100	239,200	239,200

〈別表5（2）〉

納　税　充　当　金　の　計　算					
期 首 納 税 充 当 金	30	473,100 円	その他取崩額	損 金 算 入 の も の	36	円
繰入額	損金経理をした納税充当金	31	239,200		損 金 不 算 入 の も の	37	
		32				38	
	計 (31) ＋ (32)	33	239,200		仮 払 税 金 消 却	39	
取崩額	法 人 税 額 等 (5の③)＋(10の③)＋(15の③)	34	382,900		計 (34)＋(35)＋(36)＋(37)＋(38)＋(39)	40	473,100
	事 業 税 及 び 特 別 法 人 事 業 税 (19の③)	35	90,200	期 末 納 税 充 当 金 (30)＋(33)－(40)		41	239,200

その下の未納法人税等、これは確定税額の動きを書く部分だけれど、こんな感じになっているよ。

〈別表5（1）〉

I 利益積立金額の計算に関する明細書		期首現在 利益積立金額 ①	当期の増減		差引翌期首現在 利益積立金額 ①−②+③
区　　分			減 ②	増 ③	④
未納法人税等（退職年金等積立金に対するものを除く。）	未納法人税及び 未納地方法人税 （附帯税を除く。） 27	△ 293,200	△ 439,600	中間 △ 146,400 確定 △ 149,200	149,200
	未払通算税効果額 （附帯税の額に係る部分の金額を除く。） 28			中間 確定	
	未納道府県民税 （均等割額を含む。） 29	△ 89,700	△ 134,500	中間 △ 44,800 確定 △ 44,900	△ 44,900
	未納市町村民税 （均等割額を含む。） 30	△	△	中間 △ 確定 △	△
差　引　合　計　額	31	1,355,036	1,163,836	2,643,336	2,834,536

前期から残っていた分と中間分を当期中に支払った分は②の減のところに記載する。期末現在未納となっている確定分は④へ記載するよ。

特別区ではない場合

特別区ではない場合、未納市町村民税の欄に数字が入ってくるよ。

〈別表5(1)〉

区　　分			期 首 現 在 利 益 積 立 金 額 ①	当 期 の 増 減 減 ②		当 期 の 増 減 増 ③		差引翌期首現在 利 益 積 立 金 額 ①-②+③ ④
	I 利益積立金額の計算に関する明細書							
未納法人税等（退職年金等積立金に対するものを除く。）	未 納 法 人 税 及 び 未 納 地 方 法 人 税 （附帯税を除く。）	27	△ 293,200	△ 439,600	中間	△ 146,400	△ 149,200	
					確定	△ 149,200		
	未払通算税効果額 （附帯税の額に係る部分の金額を除く。）	28			中間			
					確定			
	未 納 道 府 県 民 税 （均等割額を含む。）	29	△ 22,800	△ 34,200	中間	△ 11,400	△ 11,400	
					確定	△ 11,400		
	未 納 市 町 村 民 税 （均等割額を含む。）	30	△ 66,900	△ 100,300	中間	△ 33,400	△ 33,500	
					確定	△ 33,500		
差 引 合 計 額		31	1,355,036	1,163,836		2,643,336	2,834,536	

中間納付税額を記入する場所

次は地方税を見ていこう。

【東京都町田市（特別区でない）に会社がある場合の第6号様式】

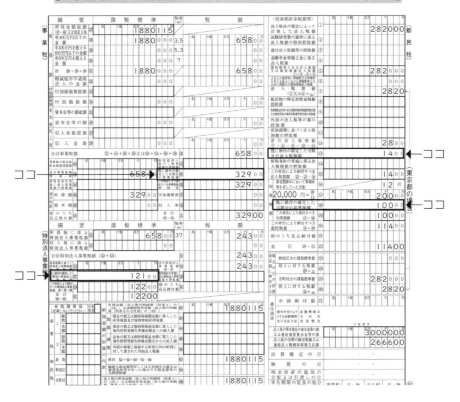

中間申告分は、「既に納付の確定した当期分の○○」と書いて
あるところにそれぞれ税額を記入するよ。

「確定した」という言葉が出てくると、本決算を思い浮かべて
しまいます。

中間だって申告しているでしょ？　中間の場合は予定申告書を
出さない事務所もあるみたいだけど、あれは出さなくても出た
ものとみなされるからね。実際に申告するか、みなされるかし
て、中間納付額が確定する。

たとえ納付していなくても中間申告のときに納付すべき額を記載するよ。

特別区ではない場合、第20号様式も作成する。中間申告分は「既に納付の確定した当期分の法人税割額」に書く。

【第20号様式】

摘　要		課税標準（円）	法人税割額 税率	法人税割額 税額（円）
（使途秘匿金税額等） 法人税法の規定によって計算した法人税額	①	( ) 282,000	(一/100)	
試験研究費の額等に係る法人税額の特別控除額	②			
還付法人税額等の控除額	③			
退職年金等積立金に係る法人税額	④			
課税標準となる法人税額又は個別帰属法人税額及びその法人税割額 ①+②-③+④	⑤	282,000	6	16,920
2以上の市町村に事務所又は事業所を有する法人における課税標準 となる法人税額又は個別帰属法人税額及びその法人税割額 (⑤/⑫×㉓)	⑥			
市町村民税の特定寄附金税額控除額	⑦			
外国関係会社等に係る控除対象所得税額等相当額又は個別控除対象所得税額等相当額の控除額	⑧			
外国の法人税等の額の控除額	⑨			
仮装経理に基づく法人税割額の控除額	⑩			
差引法人税割額 ⑤-⑦-⑧-⑨-⑩又は⑥-⑦-⑧-⑨-⑩	⑪			16,900
既に納付の確定した当期分の法人税割額	⑫			8,400
租税条約の実施に係る法人税割額の控除額	⑬			
この申告により納付すべき法人税割額 ⑪-⑫-⑬	⑭			8,500
均 算定期間中において事務所等を有していた月数	⑮	12 月 50,000 円×⑮/12 ⑯		50,000
等 既に納付の確定した当期分の均等割額			⑰	25,000
額 この申告により納付すべき均等割額 ⑯-⑰			⑱	25,000
この申告により納付すべき市町村民税額 ⑭+⑱			⑲	33,500
⑲のうち見込納付額			⑳	
差引 ⑲-⑳			㉑	33,500

ココ→ （⑫ 既に納付の確定した当期分の法人税割額）

ココ→ （⑰ 既に納付の確定した当期分の均等割額）

別表5（2）はこんな風になるよ。

【特別区以外に会社がある場合の別表５（２）】

租税公課の納付状況等に関する明細書

事業年度 X4・4・1 / X5・3・31　法人名 ㈱霧島

別表五(二)　令四・四・一以後終了事業年度分

税目及び事業年度			期首現在未納税額 ①	当期発生税額 ②	当期中の納付税額			期末現在未納税額 ①+②-③-④-⑤ ⑥
					充当金取崩しによる納付 ③	仮払経理による納付 ④	損金経理による納付 ⑤	
法人税及び地方法人税		・ ・ / 1	円	円	円	円	円	円
		X3・4・1 X4・3・31 / 2	293,200		293,200			0
	当期分	中間 / 3		146,400			146,400	0
		確定 / 4		149,200				149,200
		計 / 5	293,200	295,600	293,200		146,400	149,200
道府県民税		・ ・ / 6						
		X3・4・1 X4・3・31 / 7	22,800		22,800			0
	当期分	中間 / 8		11,400			11,400	0
		確定 / 9		11,400				11,400
		計 / 10	22,800	22,800	22,800		11,400	11,400
市町村民税		・ ・ / 11						
		X3・4・1 X4・3・31 / 12	66,900		66,900			0
	当期分	中間 / 13		33,400			33,400	0
		確定 / 14		33,500				33,500
		計 / 15	66,900	66,900	66,900		33,400	33,500
事業税及び特別法人事業税		・ ・ / 16						
		X3・4・1 X4・3・31 / 17		90,200	90,200			0
	当期中間分 / 18			45,000			45,000	0
		計 / 19		135,200	90,200		45,000	0
その他	損金算入のもの	利子税 / 20						
		延滞金（延納に係るもの） / 21						
		/ 22						
		/ 23						
	損金不算入のもの	加算税及び加算金 / 24						
		延滞税 / 25						
		延滞金（延納分を除く。） / 26						
		過怠税 / 27						
		源泉所得税等 / 28		15,315			15,315	0
		/ 29						

第5章

中間還付のある
申告書

ちょっと次は複雑になるよ。中間納付があって、さらにそれが還付となる申告書。去年は業績が良かったから中間納付額もそれなりにあるんだけど、今期は業績がそうでもなくて、年間を通しての納税額が去年の半分に満たなかった場合。

業績が思わしくなくて、年税額が中間分よりも少なかったケースですね。

税額は発生してるんだけどね、という。

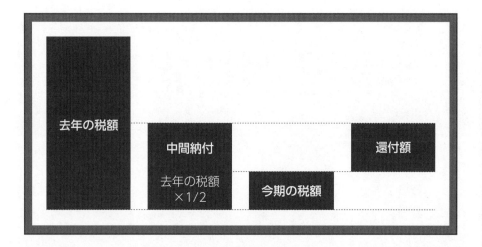

わかりやすいから、また源泉所得税を租税公課で処理している例でいこう。

税引前当期利益が源泉所得税をすでに負担していて、法・住・事に計上される額に源泉所得税は含まない、というパターンですね。

当期発生源泉所得税（租税公課で処理）　19,909円

税引前当期利益　300,000円

前期末に未払法人税等として計上した事業税等45,100円（未払法人税等）

中間納付仕訳

仮払税金　　　　　　　237,300　／　預金　　　　　237,300

中間内訳

法人税	133,200	⎫ 147,600
地方法人税	14,400	⎭
都民税　均等割	35,000	⎫ 44,800
都民税　法人税割	9,800	⎭
事業税	32,800	⎫ 44,900
特別法人事業税	12,100	⎭

当期

前期確定申告
事業税＋特別法人事業税
45,100

仕訳　未払法人税等／預金

中間申告
事業税＋特別法人事業税
44,900

仕訳　仮払税金／預金

**この状態だと税引前当期利益は当期中に申告をした
事業税・特別法人事業税を損金経理していない**

今回も中間納付は仮払税金で仕訳している。税引前当期利益は前期申告の事業税等と、中間申告分の事業税等を負担していないから、税引前当期利益から減算するんだったよね。

あとは、源泉所得税は「29 法人税額から控除される所得税額」に記入。

他の調整はないとして、これで所得が出るね。

【別表４】

区　　分			総　　額
			①
当期利益又は当期欠損の額		1	300,000 円
加	損金経理をした法人税及び地方法人税（附帯税を除く。）	2	
	損金経理をした道府県民税及び市町村民税	3	
	損金経理をした納税充当金	4	
	損金経理をした附帯税（利子税を除く。）、加算金、延滞金（延納分を除く。）及び過怠税	5	
	減価償却の償却超過額	6	
	役員給与の損金不算入額	7	
	交際費等の損金不算入額	8	
	通算法人に係る加算額（別表四付表「5」）	9	
		10	
算			
	小　　計	11	
減	減価償却超過額の当期認容額	12	
	納税充当金から支出した事業税等の金額	13	45,100
	受取配当等の益金不算入額（別表八（一）「13」又は「26」）	14	
	外国子会社から受ける剰余金の配当等の益金不算入額（別表八（二）「26」）	15	
	受贈益の益金不算入額	16	
	適格現物分配に係る益金不算入額	17	
	法人税等の中間納付額及び過誤納に係る還付金額	18	
	所得税額等及び欠損金の繰戻しによる還付金額等	19	
	通算法人に係る減算額（別表四付表「10」）	20	
	中間事業税	21	44,900
算			
	小　　計	22	90,000
	仮　　計 (1)+(11)-(22)	23	210,000
対象純支払利子等の損金不算入額（別表十七（二の二）「29」又は「34」）		24	
超過利子額の損金算入額（別表十七（二の三）「10」）		25	△
仮　　計 （(23)から(25)までの計）		26	210,000
寄附金の損金不算入額（別表十四（二）「24」又は「40」）		27	
法人税額から控除される所得税額（別表六（一）「6の③」）		29	19,909
税額控除の対象となる外国法人税の額（別表六（二の二）「7」）		30	
分配時調整外国税相当額及び外国関係会社等に係る控除対象所得税額等相当額（別表六（五の二）「5の②」＋別表十七（三の六）「1」）		31	
合　　計 (26)+(27)+(29)+(30)+(31)		34	229,909
中間申告における繰戻しによる還付に係る災害損失欠損金額の益金算入額		37	
非適格合併又は残余財産の全部分配等による移転資産等の譲渡利益額又は譲渡損失額		38	
差　　引　　計 (34)+(37)+(38)		39	229,909
更生欠損金又は民事再生等評価換えが行われる場合の再生等欠損金の損金算入額（別表七（三）「9」又は「21」）		40	△
通算対象欠損金額の損金算入額又は通算対象所得金額の益金算入額（別表七の三「5」又は「11」）		41	
差　　引　　計 (39)+(40)±(41)		43	229,909
欠損金又は災害損失金等の当期控除額（別表七（一）「4の計」＋別表七（四）「10」）		44	△
総　　計 (43)+(44)		45	229,909
残余財産の確定の日の属する事業年度に係る事業税及び特別法人事業税の損金算入額		51	△
所得金額又は欠損金額		52	229,909

ここから税額を計算。年税額を出して、そこから中間を引いて納付分と還付分を計算するよ。

あれ？
今回は中間分が還付だから、期末の納税額はないんじゃ……。

還付であっても、少し納税額は出るんだ。年間の均等割は7万円だけど、中間では3万5,000円しか納めてないでしょ。

そうか。

年税額、中間分、期末分をまとめるとこんな風になったよ。

【税額一覧表】

	中間分		期末分		年税額	
法人税	133,200	147,600	-118,800	-129,700	14,400	17,900
地方法人税	14,400		-10,900		3,500	
都民税　均等割	35,000	44,800	35,000	35,000	70,000	72,300
都民税　法人税割	9,800		-7,500	-7,500	2,300	
事業税	32,800	44,900	-24,800	-34,000	8,000	10,900
特別法人事業税	12,100		-9,200		2,900	
合計	237,300	237,300	-136,200	-136,200	101,100	101,100

還付　-171,200　（アミかけの金額）
納付　　35,000

仕訳はどうなるかな？

こうですか？

| 法・住・事 | 101,100 | / | 未払法人税等 | 35,000 |
| 未収還付法人税等 | 171,200 | / | 仮払税金 | 237,300 |

OK。そうすると、税引後当期利益は 300,000 円－ 101,100 円 で 198,900 円になる。

税引前当期利益	300,000 円
法・住・事	101,100 円
税引後当期利益	198,900 円

税引後当期利益スタートに直す

別表４を税引後当期利益スタートに書き直そう。

税引前当期利益から計算したときに書いた「中間事業税」を削除しないとね。

中間分の法人税 147,600 円、都民税 44,800 円、未払法人税等として計上した納税充当金の額 35,000 円を加算。納税額をまとめた前ページの表の太字の部分ですね。

【別表4】

区　　　分		総　　額
		①
当期利益又は当期欠損の額	1	198,900 円
加算	損金経理をした法人税及び地方法人税（附帯税を除く。）	2	147,600
	損金経理をした道府県民税及び市町村民税	3	44,800
	損金経理をした納税充当金	4	35,000
	損金経理をした附帯税（利子税を除く。）、加算金、延滞金（延納分を除く。）及び過怠税	5	
	減価償却の償却超過額	6	
	役員給与の損金不算入額	7	
	交際費等の損金不算入額	8	
	通算法人に係る加算額（別表四付表「5」）	9	
		10	
	小　　　計	11	227,400
減算	減価償却超過額の当期認容額	12	
	納税充当金から支出した事業税等の金額	13	45,100
	受取配当等の益金不算入額（別表八（一）「13」又は「26」）	14	
	外国子会社から受ける剰余金の配当等の益金不算入額（別表八（二）「26」）	15	
	受贈益の益金不算入額	16	
	適格現物分配に係る益金不算入額	17	
	法人税等の中間納付額及び過誤納に係る還付金額	18	
	所得税額等及び欠損金の繰戻しによる還付金額等	19	
	通算法人に係る減算額（別表四付表「10」）	20	
	仮払法人税及び仮払地方法人税	21	129,700
	仮払都道府県民税		7,500
	仮払事業税等		34,000
	小　　　計	22	216,300
仮　　計 (1)＋(11)－(22)		23	210,000
対象純支払利子等の損金不算入額（別表十七（二の二）「29」又は「34」）		24	
超過利子額の損金算入額（別表十七（二の三）「10」）		25	△
仮　　計 ((23)から(25)までの計)		26	210,000
寄附金の損金不算入額（別表十四（二）「24」又は「40」）		27	
法人税額から控除される所得税額（別表六（一）「6の③」）		29	19,909
税額控除の対象となる外国法人税の額（別表六（二の二）「7」）		30	
分配時調整外国税相当額及び外国関係会社等に係る控除対象所得税額等相当額（別表六（五の二）「5の②」）＋（別表十七（三の六）「1」）		31	
合　　計 (26)＋(27)＋(29)＋(30)＋(31)		34	229,909
中間申告における繰戻しによる還付に係る災害損失欠損金額の益金算入額		37	
非適格合併又は残余財産の全部分配等による移転資産等の譲渡利益額又は譲渡損失額		38	
差　引　計 (34)＋(37)＋(38)		39	229,909
更生欠損金又は民事再生等評価換えが行われる場合の再生等欠損金の損金算入額（別表七（三）「9」又は「21」）		40	△
通算対象欠損金額の損金算入額又は通算対象所得金額の益金算入額（別表七の三「5」又は「11」）		41	
差　引　計 (39)＋(40)±(41)		43	229,909
欠損金又は災害損失金等の当期控除額（別表七（一）「4の計」＋別表七（四）「10」）		44	△
総　　計 (43)＋(44)		45	229,909
残余財産の確定の日の属する事業年度に係る事業税及び特別法人事業税の損金算入額		51	△
所得金額又は欠損金額		52	229,909

加算欄の「2 損金経理をした法人税及び地方法人税」に中間分の147,600円、「3 損金経理をした道府県民税及び市町村民税」に中間分の44,800円、「4 損金経理をした納税充当金」に都民税均等割7万円の半分35,000円を記入して。

減算欄に還付額を法人税及び地方法人税129,700円、都道府県民税7,500円、事業税及び特別法人事業税34,000円を記入。

会計上は年税額分のみ、つまり中間分から還付分を控除した差額が損金になっているけど、別表4では加算欄に中間分＋期末分、減算欄に還付分と両建てで記入しているんですね。

差額で年税額が加算されるようにしているよ。

でも、事業税等は減算欄に還付となる34,000円を記入だけ……。

事業税等は、中間で確定した税額は今期においては損金でしょ。申告して確定したものだからね。

でも、中間分は44,900円ですよね？

税引後当期利益が負担してる年税額10,900円と減算欄の34,000円で中間の44,900円と一致するのよ。

なるほど。ともかく中間に納付した事業税分が損金になっていればいいのか。

あとは前期に未払法人税等として計上した事業税等が当期に申告したことで損金になるから45,100円減算が入っているのと、源泉所得税の加算は税引前当期利益から計算しているときと同じだね。

 翌期に事業税等が還付になったとき、事業税等はどういう処理になるんだろう？

還付金を益金計上。還付されたときに益金になるんだ。会計上は未収還付法人税等を落とすけど、税務上は加算欄に仮払税金還付額を書くから、翌期の利益が0なのに納税が出ることもあり得るんだよ。

 え、ビックリ。

事業税等は面白い動きをするよね。未払計上時が債務確定時じゃないから仕方ないんだよ。あとは別表5（2）を見ておこう。

【別表5(2)】

租税公課の納付状況等に関する明細書　　事業年度 X5・4・1～X6・3・31　　法人名 ㈱霧島

税目及び事業年度			期首現在未納税額 ①	当期発生税額 ②	当期中の納付税額 充当金取崩しによる納付 ③	仮払経理による納付 ④	損金経理による納付 ⑤	期末現在未納税額 ①+②-③-④-⑤ ⑥
法人税及び地方法人税	・・	1		円		円	円	円
	X4・4・1 X5・3・31	2	149,200		149,200			0
	当期分 中間	3		147,600円		129,700	17,900	0
	確定	4		△129,700 0				△129,700 0
	計	5	149,200	△129,700 147,600	149,200	129,700	17,900	△129,700 0
道府県民税	・・	6						
	X4・4・1 X5・3・31	7	44,900		44,900			0
	当期分 中間	8		44,800		7,500	37,300	0
	確定	9		△7,500 35,000				△7,500 35,000
	計	10	44,900	△7,500 79,800	44,900	7,500	37,300	△7,500 35,000
市町村民税	・・	11						
	・・	12						
	当期分 中間	13						
	確定	14		0				0
	計	15		0				0
事業税及び特別法人事業税	・・	16						
	X4・4・1 X5・3・31	17		45,100	45,100			0
	当期中間分	18		44,900		34,000	10,900	0
	計	19		90,000	45,100	34,000	10,900	0
その他	損金算入のもの 利子税	20						
	延滞金(延納に係るもの)	21						
		22						
		23						
	損金不算入のもの 加算税及び加算金	24						
	延滞税	25						
	延滞金(延納分を除く。)	26						
	過怠税	27						
	源泉所得税等	28		19,909			19,909	0
		29						

期首の残額は「③充当金取崩しによる納付」でいいとして、中間と確定分が書きにくいね。

まず法人税の欄だけど、中間の当期発生税額には中間の税額を記載する。還付になる額を「④仮払経理による納付」に記載して、年税額を「⑤損金経理による納付」に記載する。
2段書きになっているのは還付と納付を分けているからだよ。

確定分には還付される額を記載。
確定分の期末現在未納税額は還付だから△になるね。

道府県民税の欄がちょっとわかりにくいです。

中間分は中間の額を書く。ここはいいよね。都民税の年税額は72,300 円。72,300 円から均等割 70,000 円を引いて法人税割の年税額は 2,300 円。これに中間納付の均等割 35,000 円を足して 37,300 円、これが中間分のうち年税額に充てられた額。これが⑤損金経理による納付に入る。

年税額	72,300 円	うち均等割 70,000 円	法人税割 2,300 円
中間納付	44,800 円	うち均等割 35,000 円	法人税割 9,800 円
中間分のうち年税額に充てられた額		35,000 円＋ 2,300 円＝ 37,300 円	
中間分のうち還付		44,800 円－ 37,300 円＝ 7,500 円	
期末	35,000 円	うち均等割 35,000 円	

中間納付の法人税割 9,800 円から年税額 2,300 円を引くと7,500 円。これが還付されるから中間欄④に記載、確定欄の②と⑥に記載。確定で残りの均等割 35,000 円を納付だから確定欄の②と⑥に 35,000 円と入る。

中間と確定、両方で 35,000 円ずつ納付することが頭に入ってなかったからちょっとややこしくなってしまったんだわ。

別表４と５（１）の全体はこんな感じになる。

【別表4】

所得の金額の計算に関する明細書(簡易様式)	事業年度	X5・4・1 ～ X6・3・31	法人名	㈱霧島

区　分		総　額 ①	処　　分		
			留　保 ②	社外流出 ③	
当期利益又は当期欠損の額	1	198,900 円	198,900 円	配　当	円
				その他	
加算	損金経理をした法人税及び地方法人税(附帯税を除く。)	2	147,600	147,600		
	損金経理をした道府県民税及び市町村民税	3	44,800	44,800		
	損金経理をした納税充当金	4	35,000	35,000		
	損金経理をした附帯税(利子税を除く。)、加算金、延滞金(延納分を除く。)及び過怠税	5			その他	
	減価償却の償却超過額	6				
	役員給与の損金不算入額	7			その他	
	交際費等の損金不算入額	8			その他	
	通算法人に係る加算額(別表四付表「5」)	9			外※	
		10				
	小　計	11	227,400	227,400	外※	
減算	減価償却超過額の当期認容額	12				
	納税充当金から支出した事業税等の金額	13	45,100	45,100		
	受取配当等の益金不算入額(別表八(一)「13」又は「26」)	14			※	
	外国子会社から受ける剰余金の配当等の益金不算入額(別表八(二)「26」)	15			※	
	受贈益の益金不算入額	16			※	
	適格現物分配に係る益金不算入額	17			※	
	法人税等の中間納付額及び過誤納に係る還付金額	18				
	所得税額等及び欠損金の繰戻しによる還付金額等	19			※	
	通算法人に係る減算額(別表四付表「10」)	20			※	
	仮払法人税及び仮払地方法人税	21	129,700	129,700		
	仮払都道府県民税		7,500	7,500		
	仮払事業税等		34,000	34,000		
	小　計	22	216,300	216,300	外※	
仮　計 (1)+(11)-(22)		23	210,000	210,000	外※	
対象純支払利子等の損金不算入額(別表十七(二の二)「29」又は「34」)		24			その他	
超過利子額の損金算入額(別表十七(二の三)「10」)		25	△		※	△
仮　計 (23)から(25)までの計		26	210,000	210,000	外※	
寄附金の損金不算入額(別表十四(二)「24」又は「40」)		27			その他	
法人税額から控除される所得税額(別表六(一)「6の③」)		29	19,909		その他	19,909
税額控除の対象となる外国法人税の額(別表六(二の二)「7」)		30			その他	
分配時調整外国税相当額及び外国関係会社等に係る控除対象所得税額等相当額(別表六(五の二)「5の②」+別表十七(三の六)「1」)		31			その他	
合　計 (26)+(27)+(29)+(30)+(31)		34	229,909	210,000	外※	19,909
中間申告における繰戻しによる還付に係る災害損失欠損金額の益金算入額		37			※	
非適格合併又は残余財産の全部分配等による移転資産等の譲渡利益額又は譲渡損失額		38			※	
差　引　計 (34)+(37)+(38)		39	229,909	210,000	外※	19,909
更生欠損金又は民事再生等評価換えが行われる場合の再生等欠損金の損金算入額(別表七(三)「9」又は「21」)		40	△		※	△
通算対象欠損金額の損金算入額又は通算対象所得金額の益金算入額(別表七の三「5」又は「11」)		41			※	
差　引　計 (39)+(40)±(41)		43	229,909	210,000	外※	19,909
欠損金又は災害損失金等の当期控除額(別表七(一)「4の計」+別表七(四)「10」)		44	△		※	△
総　計 (43)+(44)		45	229,909	210,000	外※	19,909
残余財産の確定の日の属する事業年度に係る事業税及び特別法人事業税の損金算入額		51	△	△		
所得金額又は欠損金額		52	229,909	210,000	外※	19,909

(簡)

【別表5（1）】

利益積立金額及び資本金等の額の計算に関する明細書			事業年度	X5・4・1 X6・3・31	法人名	(株)霧島

I 利益積立金額の計算に関する明細書

区 分		期首現在利益積立金額 ①	当期の増減 減 ②	当期の増減 増 ③	差引翌期首現在利益積立金額 ①－②＋③ ④
利 益 準 備 金	1	円	円	円	円
積 立 金	2				
仮払法人税及び仮払地方法人税	3			△129,700	△129,700
仮払都道府県民税	4			△7,500	△7,500
仮払事業税等	5			△34,000	△34,000
	6				
	7				
	8				
	9				
	10				
	11				
	12				
	13				
	14				
	15				
	16				
	17				
	18				
	19				
	20				
	21				
未収還付法人税及び未収還付地方法人税	22			129,700	129,700
未収還付都道府県民税	23			7,500	7,500
	24				
繰 越 損 益 金 (損 は 赤)	25	2,789,436	2,789,436	2,988,336	2,988,336
納 税 充 当 金	26	239,200	239,200	35,000	35,000
未納法人税等（退職年金等積立金に対するものを除く。）	未納法人税及び未納地方法人税（附帯税を除く。）	27	△ 149,200	△ 296,800	中間 △147,600 確定 △ 0	△ 0
	未払通算税効果額（附帯税の額に係る部分の金額を除く。）	28			中間 確定	
	未納道府県民税（均等割額を含む。）	29	△ 44,900	△ 89,700	中間 △ 44,800 確定 △ 35,000	△ 35,000
	未納市町村民税（均等割額を含む。）	30	△	△	中間 △ 確定 △	
差 引 合 計 額	31	2,834,536	2,642,136	2,761,936	2,954,336

II 資本金等の額の計算に関する明細書

区 分		期首現在資本金等の額 ①	当期の増減 減 ②	当期の増減 増 ③	差引翌期首現在資本金等の額 ①－②＋③ ④
資 本 金 又 は 出 資 金	32	円	円	円	円
資 本 準 備 金	33				
	34				
	35				
差 引 合 計 額	36				

別表5 (1) の上の方、「増」欄に「仮払○○税」と△表示付きで3本あるのは、税務上では仮払税金は資産として認められないから、△で会計上の仮払を取り消しているんだ。下の方にある「未収還付法人税及び未収還付地方法人税」と「未収還付都道府県民税」は、申告により還付される確定税額。これは税務上の純資産に含める。

これは、未納法人税等の欄で△を取り消す形で記入する方法もあるね（次ページの別表5 (1)）。どっちに書いても結論は同じだよ。

仮払事業税等はあるのに、未収はないですけど？

税務上は中間事業税が還付になったときに益金算入するから、未収計上しないんだ。税務上の純資産は、中間事業税分だけ、会計上の純資産より小さくなって正解なんだよ。

【別表5（1）】

利益積立金額及び資本金等の額の計算に関する明細書

事業年度 X5・4・1／X6・3・31　法人名 ㈱霧島

別表五(一)

令四・四・一以後終了事業年度分

I　利益積立金額の計算に関する明細書

区分		期首現在利益積立金額①	当期の増減 減②	当期の増減 増③	差引翌期首現在利益積立金額①-②+③④
利益準備金	1	円	円	円	円
積立金	2				
仮払法人税及び仮払地方法人税	3			△129,700	△129,700
仮払都道府県民税	4			△7,500	△7,500
仮払事業税等	5			△34,000	△34,000
	6				
	7				
	8				
	9				
	10				
	11				
	12				
	13				
	14				
	15				
	16				
	17				
	18				
	19				
	20				
	21				
	22				
	23				
	24				
繰越損益金（損は赤）	25	2,789,436	2,789,436	2,988,336	2,988,336
納税充当金	26	239,200	239,200	35,000	35,000
未納法人税及び未納地方法人税（附帯税を除く。）	27	△ 149,200	△ 296,800	中間 △147,600／確定 △129,700	129,700
未払通算税効果額（附帯税の額に係る部分を除く。）	28			中間／確定	
未納道府県民税（均等割額を含む。）	29	△ 44,900	△ 89,700	中間 △44,800／確定 △27,500	△ 27,500
未納市町村民税（均等割額を含む。）	30	△	△	中間 △／確定 △	△
差引合計額	31	2,834,536	2,642,136	2,761,936	2,954,336

II　資本金等の額の計算に関する明細書

区分		期首現在資本金等の額①	当期の増減 減②	当期の増減 増③	差引翌期首現在資本金等の額①-②+③④
資本金又は出資金	32	円	円	円	円
資本準備金	33				
	34				
	35				
差引合計額	36				

御注意

この表は、通常の場合には次の算式により検算ができます。

期首現在利益積立金額合計「31」① ＋ 別表四留保所得金額又は欠損金額「52」 － 中間分・確定分の法人税県、道府県民税及び市町村民税の合計額 ± 中間分・確定分の通算税効果額の合計額 ＝ 差引翌期首現在利益積立金額合計「31」④

源泉所得税の仮払税金は違う

前に、赤字で源泉所得税が還付になるケース（第2章参照）で別表5（1）に仮払税金が出てきましたけど、下に未収は記載しなかったですよね？

税務上、源泉所得税の還付は確定申告書を提出する日に還付される権利が確定するから、未収税金を計上しないんだ。

じゃあ、あれはあれで合ってるんですね。

特別区ではない場合

相変わらず都民税と市民税の別表5（2）が書きにくいけれど、②の中間のところには中間分を書いて、⑤損金経理による納付に法人税割の年税額と均等割1/2を書いて、差額で④を書く感じで。申告書から数字を拾い慣れるまでは、エクセルでまとめてもいいと思うよ。

【特別区ではない場合の税額一覧表】

	中間分		期末分		年税額	
法人税	133,200	147,600	-118,800	-129,700	14,400	17,900
地方法人税	14,400		-10,900		3,500	
都民税　均等割	10,000	10,000	10,000	10,000	20,000	20,000
都民税　法人税割	1,400	1,400	-1,100	-1,100	300	300
市民税　均等割	25,000	25,000	25,000	25,000	50,000	50,000
市民税　法人税割	8,400	8,400	-6,400	-6,400	2,000	2,000
事業税	32,800	44,900	-24,800	-34,000	8,000	10,900
特別法人事業税	12,100		-9,200		2,900	
合計	237,300	237,300	-136,200	-136,200	101,100	101,100

還付　-171,200
納付　　35,000

【別表5（1）】

利益積立金額及び資本金等の額の計算に関する明細書	事業年度	X5・4・1　X6・3・31	法人名	㈱霧島

Ⅰ　利益積立金額の計算に関する明細書

区　分		期首現在利益積立金額①	当期の増減　減②	当期の増減　増③	差引翌期首現在利益積立金額 ①-②+③ ④
利　益　準　備　金	1	円	円	円	円
積　　立　　金	2				
仮払法人税及び仮払地方法人税	3			△129,700	△129,700
仮払都道府県民税	4			△1,100	△1,100
仮払市町村民税	5			△6,400	△6,400
仮払事業税等	6			△34,000	△34,000
	7				
	8				
	9				
	10				
	11				
	12				
	13				
	14				
	15				
	16				
	17				
	18				
	19				
	20				
	21				
未収還付法人税及び未収還付地方法人税	22			129,700	129,700
未収還付都道府県民税	23			1,100	1,100
未収還付市町村民税	24			6,400	6,400
繰越損益金（損は赤）	25	2,789,436	2,789,436	2,988,336	2,988,336
納　税　充　当　金	26	239,200	239,200	35,000	35,000
未納法人税及び未納地方法人税（附帯税を除く。）	27	△149,200	△296,800	中間 △147,600　確定 △0	0
未払通算税効果額（附帯税の額に係る部分の金額を除く。）	28			中間　確定	
未納道府県民税（均等割額を含む。）	29	△11,400	△22,800	中間 △11,400　確定 △10,000	10,000
未納市町村民税（均等割額を含む。）	30	△33,500	△66,900	中間 △33,400　確定 △25,000	25,000
差　引　合　計　額	31	2,834,536	2,642,136	2,761,936	2,954,336

（未納法人税等欄の左注記：通算年度等積立金に対するものを除く。）

Ⅱ　資本金等の額の計算に関する明細書

区　分		期首現在資本金等の額①	当期の増減　減②	当期の増減　増③	差引翌期首現在資本金等の額 ①-②+③ ④
資本金又は出資金	32	円	円	円	円
資　本　準　備　金	33				
	34				
	35				
差　引　合　計　額	36				

御注意
この表は、通常の場合には次の算式により検算ができます。
期首現在利益積立金額合計「31」① ＋ 別表四留保所得金額又は欠損金額「52」 － 中間分・確定分の法人税等、道府県民税及び市町村民税の合計額 ＝ 差引翌期首現在利益積立金額合計「31」④

【別表5（2）】

租税公課の納付状況等に関する明細書

事業年度　X5・4・1　X6・3・31　　法人名　㈱霧島

税目及び事業年度			期首現在未納税額①	当期発生税額②	当期中の納付税額 充当金取崩しによる納付③	仮払経理による納付④	損金経理による納付⑤	期末現在未納税額 ①+②-③-④-⑤⑥
法人税及び地方法人税		・　・	1	円		円	円	円	円
		X4・4・1 X5・3・31	2	149,200		149,200			0
	当期分	中間	3		147,600円		129,700	17,900	0
		確定	4		△129,700 / 0				△129,700
		計	5	149,200	△129,700 / 147,600	149,200	129,700	17,900	△129,700
道府県民税		・　・	6						
		X4・4・1 X5・3・31	7	11,400		11,400			0
	当期分	中間	8		11,400		1,100	10,300	0
		確定	9		△1,100 / 10,000				△1,100 / 10,000
		計	10	11,400	△1,100 / 10,000	11,400	1,100	10,300	△1,100 / 10,000
市町村民税		・　・	11						
		X4・4・1 X5・3・31	12	33,500		33,500			
	当期分	中間	13		33,400		6,400	27,000	
		確定	14		△6,400 / 25,000				△6,400 / 25,000
		計	15	33,500	△6,400 / 25,000	33,500	6,400	27,000	△6,400 / 25,000
事業税及び特別法人事業税		・　・	16						
		X4・4・1 X5・3・31	17		45,100	45,100			0
	当期	中間分	18		44,900		34,000	10,900	
		計	19		90,000	45,100	34,000	10,900	0
その他	損金算入のもの	利子税	20						
		延滞金（延納に係るもの）	21						
			22						
			23						
	損金不算入のもの	加算税及び加算金	24						
		延滞税	25						
		延滞金（延納分を除く。）	26						
		過怠税	27						
		源泉所得税等	28		19,909			19,909	0
			29						

第2部

知っておきたい 基礎知識・ 周辺知識

第6章

法人税の前に
消費税

今月は法人のお客さんが３つも増えてね。勉強がてら２人にも手伝って欲しいんだ。消費税の勉強になるから。

 はい、承知しました。全くの新規ですか？

１件は全くの新規だけど他の税理士事務所からのスイッチなんだ。あとは個人のお客さんの法人成りが１件、関与先が子会社を作ったのが１件。

まずは税理士事務所のスイッチのケースから見て行こうか。スイッチのときに最低限もらいたいのはこんなあたりだね。

- 総勘定元帳
- 仕訳帳
- 税務署への届出書類
- 過去２年分申告書控え（決算書含）
- スクラップブック
- e-Tax と eLTAX の ID と暗証番号

この中で、一番怖いのが税務署への届出書類。もらったのが全部かもわからないし……。僕は税務署に閲覧申請をすることにしているんだ。

 閲覧申請？

社長から委任状をもらって「申告書等閲覧申請書」と一緒に持って税務署に行けば、その会社がどんな届出を提出していたのか閲覧することができる。昔は閲覧書類を見ながら白紙の届出書に写してきたんだけど、今は写真を撮ることが可能だよ。

（様式1－1）

収受
日付印

申 告 書 等 閲 覧 申 請 書

令和　年　月　日

税務署長　殿

（閲覧申請者）

住所又は居所 ＿＿＿＿＿＿＿＿＿＿＿

ふりがな ＿＿＿＿＿＿＿＿＿＿＿＿＿＿＿

氏名 ＿＿＿＿＿＿＿＿＿＿＿

電話番号　　　（　　　　　）＿＿＿＿＿

納税者との関係 ＿＿＿＿＿＿＿＿＿

下記のとおり、申告書等の閲覧を申請します。

記

太枠内の該当する□にチェックするとともに、必要事項を記入してください。

閲覧目的	□　申告書の作成に必要なため □　申告内容や特例等の申請事績などの見直しや確認に必要なため （注）上記以外の目的（金融機関や地方公共団体など第三者からの申告内容の問合せに対する回答等）で閲覧することはできません。		
申告書等に記載された住所・氏名等	住所（居所）又は所在地		□申請者と同じ
	ふりがな		
	氏名（名称）		□申請者と同じ
閲覧対象書類	税目等及び閲覧する申告書等の事業年度等	□所得税　平成・令和　　年分～平成・令和　　年分 □法人税　平成・令和　年　月期分～平成・令和　年　月期分 □消費税　平成・令和　年（　　月期）分～平成・令和　年（　　月期）分 □相続税　平成・令和　年　月　日（提出・相続開始） □その他（　　　　　　　　　　　　　　　　　　　） 　平成・令和　年　月　日～平成・令和　年　月　日	
	対象書類	□確定申告書　　□修正申告書　　□その他の申告書〔　　　　　〕 □青色申告決算書・収支内訳書　□申請書等　□添付書類　□その他 〔具体的な書類名　　　　　　　　　　　　　　　　　　　　　〕	
写真撮影の希望	□　次の事項に同意した上で、写真撮影を希望する □　撮影した写真をその場で確認できる機器を使用すること 　（使用する機器：□デジタルカメラ　□スマートフォン　□タブレット　□携帯電話　□その他（　　　）） □　収受日付印のある書類等は、収受日付印、氏名、住所等を被覆した状態で撮影すること □　撮影した写真を署員に確認させ、対象書類以外が写り込んでいた場合は署員の指示に従い消去すること □　撮影した写真は上記の「閲覧目的」以外で利用しないこと		

【税務署整理欄】

申請者本人確認	□運転免許証　□健康保険等の被保険者証　□個人番号カード　□住民基本台帳カード（住所が記載されているもの） □在留カード、特別永住者証明書　□その他（　　　　　　　　　　　　　　　　　　　） 本人確認書類識別番号（個人番号、基礎年金番号及び被保険者等番号等を除く。）
代理権限の確認	代理人の区分　□配偶者・4親等以内の親族　□納税管理人　□税理士・弁護士・行政書士 　　　　　　　□法人の役員・従業員　□法定代理人（□未成年　□成年） 確認書類　□委任状（実印（届出印）が押印されたもの）　□印鑑証明（署名証明） 　　　　　□戸籍謄（抄）本又は住民票の写し　□納税管理人の届出書　□税理士証票、弁護士の身分証明書、行政書士証票　□社員証　□その他（　　　　　）
相続人の確認	□戸籍謄（抄）本（法定相続情報一覧図）　□委任状（実印（届出印）が押印されたもの）　□印鑑証明（署名証明）

管理運営部門			申告書等保有部門				マスキング：　要　・　否
窓口処理			閲覧文書		返却確認		写真撮影：有　・　無
受付番号	処理日	窓口担当者	担当統括官	担当者	担当統括官	担当者	□ 被覆（収受日付印・氏名・住所等）
	・　・						□ 撮影後の写真確認
							撮り直し：有　・　無
整理番号			文書枚数：　　枚 　　　　　　　級	個人番号の記載： 　　　有　・　無			（備考）

【委任状】

(様式1-2)

委 任 状

(代理人)

住　　所　_____

ふりがな

氏　　名　_____

委任者との関係

□配偶者・4親等以内の親族　　□納税管理人　　□税理士・弁護士・行政書士

□法人の役員・従業員　　□相続税申告書の共同提出者

私は、{ □申告書の作成に必要なため / □申告内容や特例等の申請事績などの見直しや確認に必要なため } 上記の

者を代理人と定め、下記に記載したとおり書類を閲覧することを委任します。

記

税　目　等	□所得税　□法人税　□消費税　□相続税　□その他（　　　　　　　　）
閲 覧 す る 申 告 書 等 の 事 業 年 度 等	□平成・令和　　年分～平成・令和　　年分 □平成・令和　　年　　月分～平成・令和　　年　　月分 □平成・令和　　年　　月　　日分～平成・令和　　年　　月　　日分(対象年度・課税期間) □平成・令和　　年　　月　　日　(提出・相続開始)
対 象 書 類	□確定申告書　　□修正申告書　　□その他の申告書〔　　　　　　　　　　〕 □青色申告決算書・収支内訳書　□申請書等　□添付書類　□その他 〔具体的な書類名　　　　　　　　　　　　　　　　　　　　　　　　　　　〕
閲覧時の方法	□　書き写しのみを希望する □　書き写しのほか、写真撮影が可能とされた書類は撮影を希望する（撮影した 　　写真は上記の「閲覧目的」以外で利用しない）
被相続人の住 所　・　氏　名	住　　所 ふりがな 氏　　名

令和　　年　　月　　日

(委任者)

住 所 又 は
所 在 地　_____

氏 名 又 は
法 人 名 及 び　　　　　　　　　　　　　　　　　　　　㊞
代 表 者 氏 名　_____

電 話 番 号　　　　（　　　　　）

※　必ず、委任者の方が自書するとともに実印（届出印）を押印し、印鑑登録証明書（日本政府の在
外公館発行の署名証明書も可。申請日前30日以内に発行されたもの）を添付してください（ただ
し、代理人が納税管理人の場合は実印以外での押印でも差し支えありません。）。

委任状を書くとき、社長の署名をもらうのは下の方だよ。上は代理人となる税理士の名前を書くんだけど、上に名前を書いてしまう社長が多いから気を付けて。

法人の決算なんだけど、まずは消費税。

課税事業者なのに免税事業者として処理してしまったら大変ですもんね。法人税額にも影響出ますし。

いっそのこと、全事業者に消費税の納税義務を課してしまえばいいのに。

松木さん、本当はそうなんだよ。

?

消費税法では、事業者は消費税を納めるってなっているんだ。でも、小規模事業者にとって消費税の計算は負担だから、小規模事業者は消費税を納めなくていいよ、とされている。

この、小規模事業者かどうかを判定しているのが基準期間の課税売上高が 1,000 万円かどうかってヤツだよ。

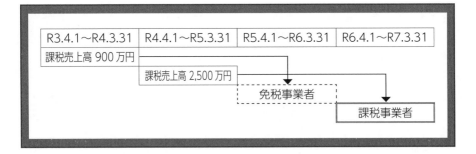

R3.4.1〜R4.3.31	R4.4.1〜R5.3.31	R5.4.1〜R6.3.31	R6.4.1〜R7.3.31
課税売上高 900 万円			
	課税売上高 2,500 万円		
		免税事業者	
			課税事業者

そういうことだったのね！

今期の基準期間である2期前の課税売上が1,000万円を超えると今期は消費税課税事業者になる、というのは知ってると思うけど、この1,000万円は税込？　税抜？

税込ですか？

これは**基準期間が**免税事業者か課税事業者かによって答えが変わってくるんだ。

免税事業者の場合は税込で、課税事業者は税抜で判定だよ。

そのとおり。基準期間が免税だった場合には、その基準期間の課税売上高には消費税が含まれていないと考えるんだ。だから、税込。基準期間が課税事業者の場合は税抜にするんだ。

そうなんですね。

だから、基準期間が免税事業者の法人が 1,100 万円の売上だった場合、税抜にして 1,000 万円、と考えるのは間違い。100 万円もはみでていることになる。

法人は基準期間が 1 事業年度とは限らない

あと基準期間で気を付けたいのが、法人の場合は 1 年に満たない期は 1 年に換算して考える。個人は暦年のままなんだけどね。

?

例えば、暦年が事業年度だったけど、決算期変更をして 7 月から 6 月までを事業年度にしたとする。

基準期間は、判定対象の期の事業年度開始の日（X4 年 7 月 1 日）の 2 年前の日（X2 年 7 月 2 日）の前日（X2 年 7 月 1 日）から同日以後 1 年を経過する日（X3 年 6 月 30 日）までの間に開始した各事業年度を合わせた期間となるんだ。

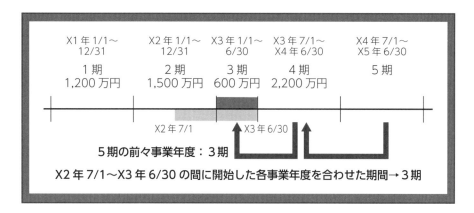

X1 年 1/1〜12/31	X2 年 1/1〜12/31	X3 年 1/1〜6/30	X3 年 7/1〜X4 年 6/30	X4 年 7/1〜X5 年 6/30
1 期	2 期	3 期	4 期	5 期
1,200 万円	1,500 万円	600 万円	2,200 万円	

X2 年 7/1　　　　X3 年 6/30

5 期の前々事業年度：3 期

X2 年 7/1〜X3 年 6/30 の間に開始した各事業年度を合わせた期間→ 3 期

開始した各事業年度、ですか？

そう。だから1期とは限らないんだ。この1年の間に開始した期が複数あったら全部足し合わせる。

しかし、日を特定する表現が回りくどいというか。

消費税法はどの日を指すかが重要だよ。この期間に開始した期は3期の6か月だけだから、600万円÷6か月＝100万円。100万円×12か月＝1,200万円。1,000万円を超えているから5期は課税事業者だね。

届出書を書く時も注意して欲しい。基準期間の課税売上高を記入する欄があるけれど、ここは12か月に換算したあとの数字を記入するんだ。

わ、気を付けなくちゃですね。

【消費税課税事業者届出書】

第3-(1)号様式

【基準期間用】

消 費 税 課 税 事 業 者 届 出 書

収受印

令和　年　月　日	届	（フリガナ）		
		納 税 地	（〒　－　）	
				（電話番号　　－　　－　　）
		（フリガナ）		
		住所又は居所 （法人の場合） 本 店 又 は 主 た る 事 務 所 の 所 在 地	（〒　－　）	
				（電話番号　　－　　－　　）
	出	（フリガナ）		
		名称（屋号）		
		個 人 番 号 又 は 法 人 番 号	↓ 個人番号の記載に当たっては、左端を空欄とし、ここから記載してください。	
	者	（フリガナ）		
		氏 名 （法人の場合） 代 表 者 氏 名		
		（フリガナ）		
＿＿＿＿ 税務署長殿		（法人の場合） 代表者住所		（電話番号　　－　　－　　）

　下記のとおり、基準期間における課税売上高が1,000万円を超えることとなったので、消費税法第57条第1項第1号の規定により届出します。

適用開始課税期間	自 ○平成 ○令和　年　月　日　至 ○平成 ○令和　年　月　日		
上 記 期 間 の 基 準 期 間	自 ○平成 ○令和　年　月　日	左記期間の 総 売 上 高	円
	至 ○平成 ○令和　年　月　日	左記期間の 課税売上高	円

← □□

事業内容等	生年月日（個人）又は設立年月日（法人）	1明治・2大正・3昭和・4平成・5令和 ○　○　○　○　○ 　年　月　日	法人のみ記載	事 業 年 度	自　月　日　至　月　日
				資 本 金	円
	事 業 内 容		届出区分	相続・合併・分割等・その他 ○　○　○　○	

参考事項		税理士 署 名	
		（電話番号　　－　　－　　）	

※税務署処理欄	整理番号		部門番号			
	届出年月日	年　月　日	入力処理	年　月　日	台帳整理	年　月　日
	番号確認	身元確認 □ 済 □ 未済	確認書類	個人番号カード／通知カード・運転免許証 その他（　　）		

注意　1．裏面の記載要領等に留意の上、記載してください。
　　　2．税務署処理欄は、記載しないでください。

〈消費税課税事業者届出書（基準期間用）の記載要領等〉

（5）「左記期間の総売上高」欄及び「左記期間の課税売上高」欄には、
　　それぞれ基準期間に国内において行った資産の譲渡等の対価の額
　　の合計額及び課税資産の譲渡等の対価の額の合計額を記載します。
　　　なお、基準期間が1年に満たない法人については、その期間中
　　の資産の譲渡等の対価の額の合計額及び課税資産の譲渡等の対価
　　の額の合計額をその期間の月数で除し、これを12倍した金額を記
　　載します。

特定期間とは

> 基準期間をクリアしても特定期間がありますよね。

> そうだね。特定期間といって、基準期間の課税売上高が1,000
> 万円以下であっても、特定期間の課税売上高が1,000万円を
> 超えた場合には課税事業者となるんだ。

> 特定期間？

> 特定期間は、原則としてその事業年度の前事業年度開始の日以
> 後6月の期間のこと。この期間の課税売上高と支払った給与の
> 額が両方1,000万円を超えると翌期は課税事業者となる。

R3.4.1〜R4.3.31	R4.4.1〜R5.3.31	R5.4.1〜R6.3.31
課税売上高 900 万円		
	課税売上高 1,250 万円	
	給与等支払額 1,200 万円	課税事業者

課税売上高と支払った給与の額が両方 1,000 万円超。

そう。特定期間の課税売上高が 1,000 万円を超えていたとしても、特定期間に支払った給与の額が 1,000 万円を超えていないのであれば支払った給与の額で判定して免税事業者でいられるんだ。特定期間の課税売上高と支払った給与の額、両方が 1,000 万円を超えた場合は必ず翌期は課税事業者だよ。

いろいろあるんですね、なんでこんなにあるんですか？

昔は基準期間の課税売上高だけで課税事業者かどうか判定したけれど、消費税の免税事業者になるために会社を 2 年ごとに作っては潰して、別法人として営業だけは続けている、という手法で税負担から逃れる方法が横行してね。それを防止するためにできたものなんだ。

人材派遣会社が派手にやっていたらしいんだよ。ほら、お給料って消費税対象外じゃない？　それが、関連会社を作ってそこに外注費として流せば課税取引に早変わり。

人材派遣会社のみ		
	本体価格	消費税
課税売上高	10,000 万円	1,000 万円
給料 (不課税)	5,500 万円	
納税額		1,000 万円
消費税納税額 1,000 万円		

人材派遣会社			関連会社 (免税事業者)
	本体価格	消費税	
課税売上高	10,000 万円	1,000 万円	
外注費 (課税)	5,000 万円	500 万円	課税売上高 5,500 万円
納税額		500 万円	免税事業者の ため納税なし
消費税納付額 500 万円			

> 関連会社が基準期間がなくて免税事業者の課税期間なら、グループとして消費税の納付額はガクッと下がりますね。

法人成りは特定期間に気を付けて

> 特定期間って、実務では結構出てくるんですか？

> 特定期間で引っかかる会社って、基準期間でも引っかかるからね。ただ、設立するときは気を付けないと。個人事業主でものすごく業績が良くて、法人成りするようなところ。今回法人成りした株式会社火焔山がそれだね。給料なんて簡単に半年で1,000 万円超えることはあるから、設立初年度は 7 か月にしておいたんだ。

> ああ、なるほど。

設立期である前期が7か月以下の場合、特定期間を考えなくて
いいんだよ。つまり、来期は免税事業者でOK。

特定期間は前事業年度の前半6か月だけど、設立期である前期の
月数が7か月以下の事業者は特定期間の適用は除外されるんだ。

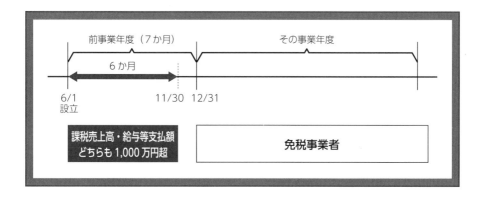

いくら月次で処理しているだろうとはいえ、たった1か月で次の
期から課税事業者になるか判定なんて大変だからね。ここで、税
理士事務所としては気を付けなくてはいけないことがあるんだ。

?

今回の株式会社火焔山は、うちが設立から関与している。個人
事業のときの売上や給与等支払額からして、特定期間で引っか
かるのは分かり切っていたんだ。だから、設立初年度を12か
月じゃなくて7か月にするように提案しているんだよ。

そうすれば２期目から課税事業者になることを防げますもんね。

これ、忘れると税賠になる可能性があるから気を付けないとね。

ゼイバイ？

税理士が間違ってしまって、顧客から賠償責任を問われることだよ。

資本金と資本関係に注意

関与先が子会社を設立するときに気を付けたいのが資本金と資本関係。これも、消費税に影響してくるんだ。

資本金と資本関係？

そう。基準期間と特定期間をクリアしても、まだ課税事業者になる可能性が残っているんだ。

資本金の額が 1,000 万円以上で課税事業者に

基準期間がない事業年度でも、第 1 期目の開始の日に資本金の額が 1,000 万円以上の場合は課税事業者になる。

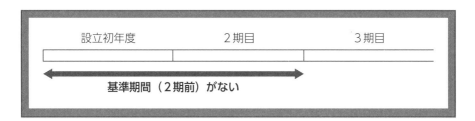

| 設立初年度 | 2 期目 | 3 期目 |

基準期間（2 期前）がない

どうしてですか？

資本金が大きいということは、体力がある会社であって、担税力があるって考えられるからだよ。

資本金 1,000 万円用意できるってなかなかないですもんねえ。

1 期目途中で増資して 1,000 万円以上になった場合には第 1 期は免税だけど、第 2 期目の開始の日は 1,000 万円以上になっているから課税事業者。第 3 期目は基準期間と特定期間で判定するけどね。

増資って、そんなにしょっちゅうあることなんですか？

最初から税理士事務所が関与していれば、業種によっては資本金の額が一定以上ないと許可がおりないこともあるから最初からチェックが入っているけど、途中からの関与だったりすると、設立後に資本金が足りないって気づいて増資したら消費税納税だわ、均等割は増えるわでトラブルになることもあるよね。

1期目から1,000万円と2期目から1,000万円で届出書が違う

1期目の初日から資本金が1,000万円以上なら、法人設立届出書にその旨を記載する欄があるからそこに書けばOK。

【法人設立届出書】

法 人 設 立 届 出 書　　※ 整理番号

税務署受付印

	本店又は主たる 事務所の所在地	〒
		電話( )　　　―
令和　年 月 日	納　税　地	〒
	（フリガナ）	
税務署長殿	法　人　名	
	法　人　番　号	
新たに内国法人を設立した ので届け出ます。	（フリガナ） 代 表 者 氏 名	
	代 表 者 住 所	〒
		電話( )　　　―

設 立 年 月 日	令和　年　月　日	事 業 年 度	（自）　月　日（至）　月　日
設立時の資本金 又は出資金の額	円	消費税の新設法人に該当するこ ととなった事業年度開始の日	令和　年　月　日　←ココ

事 業 の 目 的	（定款等に記載しているもの）	支 店 ・ 出 張 所 ・ 工 場 等	名　　　称	所　　在　　地
	（現に営んでいる又は営む予定のもの）			

設 立 の 形 態	1　個人企業を法人組織とした法人である場合（　　　　　　　　税務署）（整理番号：　　　　　　） 2　合併により設立した法人である場合 3　新設分割により設立した法人である場合（□分割型・□分社型・□その他） 4　現物出資により設立した法人である場合 5　その他（　　　　　　　　　　　　）

設立の形態が2～4である場合の適格区分	適 格 ・ その他	添 付 書 類	1　定款等の写し 2　その他 （　　　　　　）
事業開始（見込み）年月日	令和　年　月　日		
「給与支払事務所等の開設届出 書」提出の有無	有 ・ 無		
関 与 税 理 士　氏　名			
事務所所在地	電話( )　　　―		

税 理 士 署 名	

（規格A4）

※税務署 処理欄	部 門	決算 期	業種 番号	番 号	入 力	名 簿	通信 日付印	年 月 日	確認

03.06改正

> 1期中、もしくは2期目初日に増資した場合、「消費税の新設 法人に該当する旨の届出書」を提出するよ。

【消費税の新設法人に該当する旨の届出書】

第10-(2)号様式

消費税の新設法人に該当する旨の届出書

収受印			
令和　年　月　日	届出者	（フリガナ） 納　税　地	（〒　　－　　） （電話番号　　　－　　　－　　　）
		（フリガナ） 本店又は 主たる事務所 の所在地	（〒　　－　　） （電話番号　　　－　　　－　　　）
		（フリガナ） 名　　称	
		法　人　番　号	
		（フリガナ） 代表者氏名	
＿＿＿＿＿税務署長殿		（フリガナ） 代表者住所	（電話番号　　　－　　　－　　　）

　下記のとおり、消費税法第12条の２第１項の規定による新設法人に該当することとなったので、消費税法第57条第２項の規定により届出します。

消費税の新設法人に該当する こととなった事業年度開始の日	令和　　　　年　　　　月　　　　日		
上記の日における資本金の額又は出資の金額			
事業内容等	設立年月日	平成 令和　　　　年　　　　月　　　　日	
	事業年度	自　　　月　　　日　至　　　月　　　日	
	事業内容		
参　考　事　項	「消費税課税期間特例選択・変更届出書」の提出の有無【有（　・　・　）・無】		
税　理　士　署　名	（電話番号　　　－　　　－　　　）		

※税務署処理欄	整理番号		部門番号		番号確認	
	届出年月日	年　　月　　日	入力処理	年　　月　　日	台帳整理	年　　月　　日

注意　1．裏面の記載要領等に留意の上、記載してください。
　　　2．税務署処理欄は、記載しないでください。

親会社の課税売上高次第で課税事業者に

資本関係の方の説明に移ろうか。特定新規設立法人。これは、基準期間もないし、資本金も 1,000 万円未満であっても、親会社等の課税売上高が 5 億円を超えているなら担税力があるとみなされて設立初年度から課税事業者になるんだ。

親会社等の課税売上高？

法律って、あとからできたものって「特定」ってつけることが多いんだよね。ここの「特定」という言葉は「支配されている状態」と考えるといいかな。

これ、親会社の税理士事務所がうちならわかりますけど、関与してなかったらわかんないですよね？

そうなんだよ。決算公告で調べるといっても、資本金が 5 億円以上の大会社じゃないと損益計算書まで公告してないし。定款を見て法人が株主だったら設立法人にヒアリングするしかない。しかも困ったことに判定対象者が親会社だけじゃないんだよね。

判定対象者？

まず、特定新規設立法人の株式等の 50％ 超を直接又は間接に保有する法人又は個人（親族含む）を「他の者」と言って、「他の者」と 100％ の完全支配関係にある法人を「特殊関係法人」というんだけど、この「他の者」と「特殊関係法人」が判定対象者。

特定新規設立法人は新設だから基準期間はないんだけど、特定新規設立法人の基準期間に相当する期間の判定対象者の課税売上高が5億円を超えている場合、新設法人は課税事業者になるんだ。

グループ内に課税売上高が5億円を超えている会社があるなら気を付けないといけないって感じか。

？？？

図で見た方がわかりやすいよ。

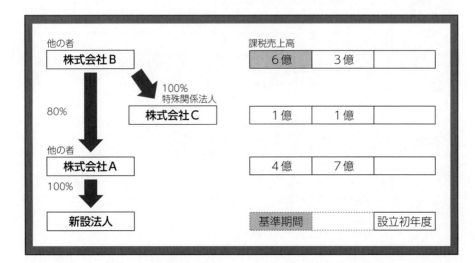

新設法人の株式等の 50% 超を直接又は間接に保有する者を「他の者」、これに該当するのが株式会社Aと株式会社Bだね。他の者と 100% の完全支配関係にある株式会社Cが特殊関係法人。この3者が判定対象者だね。

新設法人の設立初年度の基準期間に相当する2期前に課税売上高が5億円超えている会社があるかどうかを見る。株式会社Bが超えているからこの新設法人の設立初年度は課税事業者になるね。

とすると、新設法人の2期目の課税事業者判定は、株式会社Aの課税売上高が7億円で、5億円を超えているからやっぱり課税事業者になるということですか?

その通り。よく気づいたね。
1期目と2期目、それぞれ判定する必要があるよ。

特定新規設立法人に該当する場合、この届出を出すよ。

【消費税の特定新規設立法人に該当する旨の届出書】

第10-(3)号様式

消費税の特定新規設立法人に該当する旨の届出書

（収受印）

令和　年　月　日	届	（フリガナ）		
		納　税　地	（〒　　－　　　）	
				（電話番号　　　－　　　－　　　）
		（フリガナ）		
	出	本店又は主たる事務所の所在地	（〒　　－　　　）	
				（電話番号　　　－　　　－　　　）
		（フリガナ）		
	者	名称及び代表者氏名		
税務署長殿				（電話番号　　　－　　　－　　　）
		法　人　番　号		

　下記のとおり、消費税法第12条の3第1項の規定による特定新規設立法人に該当することとなったので、消費税法第57条第2項の規定により届出します。

消費税の特定新規設立法人に該当することとなった事業年度開始の日			令和　　　　年　　　　月　　　　日			
事業内容等	設立年月日		平成 令和　　　　年　　　　月　　　　日			
	事業年度		自　　　月　　　日　至　　　月　　　日			
	事業内容					

特定新規設立法人の判定	イ	特定要件の判定	①	特定要件の判定の基礎となった他の者	納税地等			
					氏名又は名称			
		保有割合	②	①の者が直接又は間接に保有する新規設立法人の発行済株式等の数又は金額		株（円）	②のうち、①の者が直接又は間接に保有する割合（②／③×100）	％
			③	新規設立法人の発行済株式等の総数又は総額		株（円）		
	ロ	基準期間に相当する期間の課税売上高			納税地等			
					氏名又は名称			
					基準期間に相当する期間	自　平成 　令和　年　月　日～至　平成 　令和　年　月　日		
					基準期間に相当する期間の課税売上高			円

　上記イ④の割合が50％を超え、かつ、ロの基準期間に相当する期間の課税売上高が5億円を超えている場合には、特定新規設立法人に該当しますので、この届出書の提出が必要となります。

参　考　事　項		
税　理　士　署　名		（電話番号　　　－　　　－　　　）

税務署処理欄	整理番号		部門番号		番号確認		
	届出年月日	年　月　日	入力処理	年　月　日	台帳整理	年　月　日	

注意　1．裏面の記載要領等に留意の上、記載してください。
　　　2．税務署処理欄は、記載しないでください。

インボイス制度でどうなるか

消費税は本当に気を付けなくてはならないことがたくさんありますね。

インボイス制度が始まったら、みんな最初から課税事業者でスタートになるんじゃない？

どうだろう？　少なくとも経過措置の期間中は、インボイスが発行できないことによる影響分を値引くなどの方法で、免税事業者でありたいと思う事業者もいると思うんだよね。

「BtoC の業態だと、経過措置が終わった後だって免税事業者でいたいでしょうしね。

そうかー。

だからこの辺りもやっぱり押さえておきたいんだよね。

第7章

税込経理か
税抜経理か

課税事業者になるかどうかの判定ってこんなにいろいろあるんですね！

でも、消費税で大切なのはこれだけじゃない。2期目まで免税事業者で黒字でやってきて、3期目になって課税事業者になったら赤字転落なんてこともある。

どうしてですか？

飲食店のケースで考えてみようか。課税事業者になると、消費税が新たに経費として増えるでしょ。全く同じ状態なのに、課税か免税かでこれだけ利益が変わるんだよ。

（単位：万円）

	免税	課税
売上	11,000	11,000
仕入	3,780	3,780
給与	3,000	3,000
その他販管費	4,180	4,180
租税公課（消費税）	0	340
利益	40	△300

売上と販管費の税率は10％、仕入の税率は軽減税率8％

これじゃ、社長はビックリだな。

スタートアップの企業って小さいけれどチェックポイントがたくさんあるんだよね。免税事業者は税込経理しか選択できないから、どうしても免税から課税移行時にはこんなことが起こる。そうだ、税込経理か、税抜経理かも大事なんだよ。

 実務では税込経理と税抜経理、どちらが多いんですか？

税込経理じゃないかな、楽だからね。でも、うちの事務所は社長と相談しながら決めるけれど、基本的に税抜経理だよ。

 え、大変な方をわざわざ？

税込経理には問題点が2つあってね。交際費の損金不算入の金額の話で、5,000円以下の飲食費は交際費として考えなくていいというのがあるじゃない？　それは税抜経理なら税抜で5,000円までOKで税込に直すと5,500円までOKということになるけれど、税込経理なら税込で5,000円までなんだ。

 30万円未満の中小企業の少額減価償却資産の特例なんかも同じで、税抜経理なら33万円未満まで買えますよね。

 税抜経理の方が有利なんですね。

そうなんだ。もうひとつ、税抜経理をおススメするのは、税込経理は業績管理がしにくい。

  ？

税込経理だと、期末に消費税を計上するときに租税公課／未払消費税等が計上されるから、黒字だと思っていたら赤字だったなんてことにもなりかねない。毎月概算消費税額を計上するのも面倒だしね。

なるほど。

多額の設備投資をした期は消費税の納税額が小さくなる。つまり、租税公課が小さくなるよね。妙に業績が良く見えてしまうんだ。

毎期売上が税込 1,100 　 税抜 1,000

毎期仕入が税込 550 　 税抜 500

減価償却資産税込 330 　 税抜 300 を購入した場合

X1 期の租税公課＝ 100 － 50 － 30 ＝ 20

税抜	X1 期	X2 期	X3 期	3 期合計
売上	1,000	1,000	1,000	3,000
仕入	500	500	500	1,500
減価償却費	100	100	100	300
当期利益	400	400	400	1,200

税込	X1 期	X2 期	X3 期	3 期合計
売上	1,100	1,100	1,100	3,300
仕入	550	550	550	1,650
減価償却費	110	110	110	330
租税公課	20	50	50	120
当期利益	420	390	390	1,200

極め付けが消費税率アップ問題。税込経理だと、消費税率が上がると売上が伸びたように見えてしまう。

それはおかしいですね。

特別償却や税額控除の判定だと、税込経理が有利になることが多いんだけどね。

税込経理か税抜経理かは結構大切なんだよ。決算で気を付けたいのは棚卸。棚卸が大きければ売上原価が小さくなって利益が大きくなるし棚卸が小さければその逆で利益は少なくなる。

税抜経理の会社が棚卸を税抜で集計してきているのに、それを税込で集計していると思って消費税分抜いてしまったら棚卸が小さくなって利益が小さくなってしまう。

消費税を先に勉強しておけばよかったかしら？

法人決算といえども消費税ばっかりだからね。確かに消費税は大事かもなあ。間違えると法人税額も狂うし。期末一括税抜経理という方法もあるけれど、それができないシステムもあるから、入力をスタートする前に税込か税抜かは決めないといけないことが多いよ。

棚卸は税込でするのか、税抜でするのか？

まず、免税事業者の場合。こちらは絶対に税込だね。でも、お客様に棚卸の資料をいただくと、税抜のことが多いんだ。たいていの請求書は税抜で書いてあって、最後のトータルに消費税をプラスして請求額にしているから。なので、棚卸の資料をいただいたら税込か税抜かを確認する必要がある。

なるほど。

通常の場合は、経理処理が税抜だったら収益、費用、棚卸も全部税抜で処理している。なので、税抜経理→棚卸も税抜、税込経理→棚卸も税込と覚えておけばOKだよ。

棚卸資産の評価方法

法人税法だと、デフォルトの棚卸資産の評価方法は最終仕入原価法。

?

期末時点で、期末に一番近い時期に仕入れた1単位あたりの仕入単価に残っている個数を掛けるのよ。

【期中仕入（決算日3月末）】

3月3日仕入　@500 × 600個

3月28日仕入　@550 × 400個　　3月末に残っていた数……500個

期末棚卸資産　@550 × 500 = 275,000円

へえ、@500 × 100 = 50,000円と
@550 × 400 = 220,000円の270,000円じゃないんだ。

税込経理の場合、消費税率アップ後に1回でも仕入れていれば、
今の消費税率で計算してOKなんだけど。

旧税率で仕入れた在庫が動いてなかったら気を付けないといけ
ないですね。

まあ、あんまりにも長く残っていたら廃棄損かな……。

消費税に費用収益対応の原則はない

それと、棚卸の仕訳のとき、税区分コードはどうしてる？

対象外にしてます。

どうして？

過去の仕訳がそうなっていたので💦

それで合っているんだけど、どうしてそうなるのかは理解しておいて欲しいな。消費税に費用収益対応の原則はないんだよ。

？

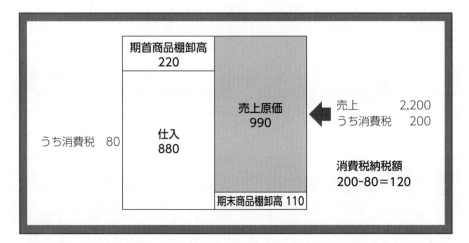

消費税は原則として資産の引渡しやサービスの提供があった時に控除するんだ。仕入を計上したときに課税仕入として控除。

期末整理の仕訳　「仕入／繰越商品　繰越商品／仕入」の仕訳
にまで税区分コードを付けてしまったら前期に控除した期首商
品の分の消費税が入り込んでしまうし、今期に控除すべき期末
商品分の消費税が抜けてしまう。

税区分コードって大切ですね。気を付けないと。

第8章

少額減価償却資産
を考えてみる

手軽な節税方法なんだけど、結構落とし穴があるのが30万円未満の少額減価償却資産の特例だから、ちょっとこれは深堀りしておこうかな。

取得価額が10万円以上30万円未満である減価償却資産を取得して事業の用に供した場合には、その取得価額に相当する金額を事業の用に供した期の損金の額に算入できるんですよね。

そう。これは平成15年度税制改正により定められた時限立法なんだけど（租税特別措置法第67条の5）、延長に延長を重ね、少しずつ形を変えながらずっと続いていて、現状では令和6年3月31日までに事業の用に供した場合に適用があるとされているよ。

30万円未満の減価償却資産を事業の用に供した期の損金の額に算入？

通常、取得価額が10万円未満のものは事業の用に供した事業年度において、その取得価額を損金経理した場合にはその金額は損金の額に算入。取得価額が10万円以上のものは、資産計上し、減価償却を通じて耐用年数にわたって損金の額に算入だけど、10万円以上のものであっても耐用年数による減価償却ではない処理ができるケースがあるの。

ふうん？

例えば、パソコンの耐用年数は4年。通常の減価償却だと16万円のパソコンは1年に4万円が損金算入だけど、この特例を適用すれば、事業の用に供した事業年度に16万円全額を損金に算入することができるのよ。

でも、違いは 12 万てとこでしょ？

パソコン 1 台だと取得年に損金算入される額の差は 12 万円だけど、10 台まとめて購入したときの差は 120 万円よ。実効税率が 25% とすれば税額にして 30 万円も違ってくるんだから。

そうなんだ！　それじゃ大きいね。

特例を適用すれば固定資産の取得費用を事業の用に供したタイミングで損金に一括計上（即時償却）することができるから、松木さんの言うように節税効果が期待できるよね。

適用可能なのは中小企業者

注意しなくてはならないのが、適用できるのは中小企業者。ここでいう中小企業者は、資本金の額又は出資金の額が 1 億円以下の青色申告法人である中小企業者又は農業協同組合等で、常時使用する従業員の数が 500 人以下（以前 1,000 人のところ令和 2 年 4 月 1 日より 500 人）、通算法人ではない法人に限るんだ。

さらに、中小企業者に該当したとしても、その事業年度開始の日前 3 年以内に終了した各事業年度の所得金額の年平均額が 15 億円を超える法人等は適用除外となる。

資本金の額が 1 億円以下である場合でも適用がない場合があるのは注意しないとですね。

あと、資本金の額又は出資金の額が1億円を超える、常時使用する従業員の数が1,000人を超えるといった大規模法人に株式又は出資を所有されている法人は適用がないんだ。大きな法人と資本関係がある法人は、この特例要件に該当するかのチェックを慎重に行う必要があるね。

それと、取得価額に気を付けないとですよね。

この取得価額は、通常1単位として取引されるその単位ごとだね。

1単位として取引?

例えば、応接セットの場合は、通常、テーブルと椅子が1組で取引されるから、1組で金額を判定。カーテンの場合は、1枚で機能するものではなく、一つの部屋で数枚が組み合わされて機能するから、部屋ごとの合計額で判定。

え、そうなんだ

パソコンを購入した場合、マウスやキーボードのような周辺機器をパソコンと同時に購入した場合は、この周辺機器の金額も含めて判定よ。

一個一個じゃないんだね。

この部分は税務調査でもよくチェックされるところだから注意しないとね。

10万円未満でも資産計上できる

反対に、取得価額が10万円未満の減価償却資産であっても、資産計上して減価償却により損金とすることもできるよ。業績が良くないなど、利益を少しでも確保したい、損をこれ以上大きく見せたくない場合は、資産計上をして償却を止めることも可能だよ。ただし、会計のルールは毎期継続することが必要だから注意が必要。

へえ。絶対に損金にしなきゃいけないわけじゃないんだね。

こんな小手先のテクニックは今の金融機関には見破られちゃうけどね。あんまり大っぴらに言うことでもないんだけど、一応できる。

ただし、いったん資産に計上したものを、その後の事業年度で一時に損金経理をしても損金の額に算入することはできない。事業の用に供した事業年度において、その取得価額の全額を損金経理している場合にのみ一時の損金の額に算入することができる。資産計上した場合は減価償却により損金。

300万円の頭打ち

じゃあ、利益がすっごい出そうな期は、30万円未満の備品とかを買い込むといいってことだね。

いくらでも損金に算入できるわけじゃないのよ。適用を受ける事業年度における少額減価償却資産の取得価額の合計額が300万円を超えるときは、その取得価額の合計額のうち300万円に達するまでの少額減価償却資産の取得価額の合計額が限度。

事業年度が1年に満たない場合には300万円を12で除し、これにその事業年度の月数（1か月に満たない端数を生じたときは、これを1か月とカウント）を掛けた金額が限度となるよ。

対象資産

減価償却資産……ということは、備品、機械・装置あたりが対象なのかな？

ううん、その他にもソフトウェア、特許権、商標権等の無形減価償却資産も対象となるの。所有権移転外リース取引に係る賃借人が取得したとされる資産や、中古資産であっても対象だし。

無形固定資産に適用があることを失念するケースをよく見かけるから注意して欲しいね。

この特例の適用を受けるためには、事業の用に供した事業年度において、少額減価償却資産の取得価額に相当する金額につき損金経理するとともに、確定申告書等に少額減価償却資産の取得価額の損金算入の特例に関する明細書（別表16（7））を添付して申告することが必要だよ。

税込経理か税抜経理かに注意

30万円未満の減価償却資産であれば300万円に達するまで適用が可能なこの特例だけど、この金額の判定は消費税の経理処理によって異なるから注意が必要。税抜経理方式を採用している場合は税抜金額によって、税込経理方式の場合は税込金額によって判定。

ということは、経理処理方法によって実質的な金額枠が変わるんだ。

そう。税込308,000円の備品を購入した場合に、税抜経理を採用している場合は28万円だから適用対象だけど、税込経理の場合は30万円以上となって適用対象外。

一括償却資産

似たような制度として、一括償却資産（法人税法施行令第133条の2）がありますよね。これは大企業でも使えるんですよね？

そうだね、会社の規模は関係ない。取得価額が20万円未満の減価償却資産を3年にわたって均等償却することができる恒久的な制度だよ。

一括償却資産は、減価償却資産を個々に減価償却する必要がなく、年の途中で取得した場合でも月割計算はしない。期末に購入して事業の用に供したとしても、取得価額の1／3を損金に算入することができる。

じゃあ、期末に駆け込み取得しても1／3損金にできるんだ。

そうなんだけど、事業の用に供した事業年度が12か月に満たない場合、取得価額を36で割って当期の月数を掛けた額が減価償却費となってしまうから気を付けないと。ここでの月数は暦に従って計算し、1か月に満たない端数を生じたときは、これを1か月とカウントするよ。

3年を待たずに除却したとしても、除却の処理はできなくて、3年かけて償却することになりますよね。

そう、ここも気を付けないとね。ちょっと減価償却と違うんだよね。でも同じところもあって業績が悪く、これ以上利益を減らしたくない場合に、償却を止めることができるんだよね。

一括償却資産と少額減価償却資産をうまく使って節税

「300万円の頭打ちを超えた分は即時償却できず個々に減価償却をすることになるんだけど、このとき一括償却資産として計上することを検討してみて欲しいんだ。

?

耐用年数が3年より長いものから20万円未満の減価償却資産を一括償却資産にすることによって、通常よりも償却費を大きく取ることができるでしょ。

なるほど。耐用年数が4年のものを3年で償却できる、ってことですものね。

そう。あと、一括償却資産は償却資産の申告対象外だから、償却資産税も節税となるよ。

償却資産税?

正しくは固定資産税という地方税なんだけど、償却資産税と呼ぶ人が多いね。30万円未満の減価償却資産を損金処理した場合、償却資産税の対象となるんだよ。一括償却資産は対象にならない。

あら！　だったら、20万円未満の場合は少額減価償却資産の特例じゃなくて一括償却資産の方が有利になるんですか？

そうでもないんだ。償却資産税の税率よりも法人税率の方が高いから、赤字の法人で、償却資産を免税点（150万円）以上所有している場合、20万円未満の減価償却資産は一括償却資産として計上することで償却資産税の節税ができる、という感じ。

 いろんなところに気を配らないといけないのかあ🌀

償却資産の申告対象になるもの、ならないもの

そうなんだよね。10万円未満の少額減価償却資産を即時償却した場合、償却資産の申告対象外となるけれど、これを資産計上した場合は償却資産の申告対象。一括償却資産は償却資産の申告対象外、30万円未満の少額減価償却資産は償却資産の申告対象。

 ややこしい🌀

東京都主税局の「固定資産税（償却資産）の申告の手引き」にある表なんだけど、よくまとまっているからこれを見ながら考えるといいかな。

【少額の減価償却資産の取扱いについて】

　地方税法第341条第4号及び地方税法施行令第49条の規定により、下記①～③に記載する資産については、固定資産税（償却資産）の申告対象から除かれます。

①取得価額10万円未満の資産のうち一時に損金算入したもの

②取得価額20万円未満の資産のうち3年間で一括償却したもの

③地方税法施行令第49条ただし書による、法人税法第64条の2第1項又は所得税法第67条の2第1項に規定するリース資産のうち、取得価額が20万円未満のもの

　ただし、下記④、⑤に記載する資産（③に該当するものを除く。）は、固定資産税（償却資産）の申告対象となりますのでご注意ください。

④租税特別措置法の規定により、中小企業特例を適用して損金算入した資産

⑤少額であっても個別に減価償却することを選択した資産

償却方法 ＼ 取得価額	10万円未満	10万円以上 20万円未満	20万円以上 30万円未満	30万円以上
①一時損金算入 (*1,*4)	申告対象外			
②3年一括償却 (*2,*4)	申告対象外			
③リース資産（ファイナンス・リース）	申告対象外		申告対象	
④中小企業特例 (*3,*4)	申告対象			
⑤個別減価償却 (*5)	申告対象			

(*1)　法人税法施行令第133条又は所得税法施行令第138条

(*2)　法人税法施行令第133条の2第1項又は所得税法施行令第139条第1項

(*3)　中小企業特例を適用できるのは、平成15年4月1日から令和6年3月31日までに取得した資産です（租税特別措置法第28条の2、第67条の5）。ただし、取得価額が10万円未満で中小企業特例を適用できるのは、平成15年4月1日から平成18年3月31日までに取得した資産となります。

(*4)　上記①・②・④の償却方法について、令和4年4月1日以降に取得した資産の内、貸付（主要な事業として行われるものを除く。）の用に供する資産は、当該償却方法の対象外となります。

(*5)　個人の方については、平成10年4月1日以後開始の事業年度に取得した10万円未満の資産はすべて必要経費となるため、個別に減価償却することはありません（所得税法施行令第138条）。

（出典：東京都主税局「固定資産税（償却資産）申告の手引き」）

貸付けの用に供したものを除外

令和４年度税制改正により、少額の減価償却資産の取得価額の損金算入制度について、取得価額が 10 万円未満の減価償却資産、一括償却資産、30 万円未満の少額減価償却資産のうち、対象資産から貸付けの用に供したものが除外されることになったんだ。

 今までは 10 万円未満であればどのような用途であれ、即時償却が可能でしたし、20 万円未満であれば一括償却資産として３年で均等償却できて、中小企業者にいたっては 30 万円未満であれば取得した年で即時償却が可能だったのに、どうして貸付けの用に供するものを除外することになったんですか？

ドローン節税とは？

これは、ここ数年流行している「ドローン節税」の封じ込めのためなんだ。ドローンは１機 10 万円未満で購入可能。利益が予想を上回って出てしまいそうな期にドローンをまとまった数購入し損金に計上、ドローン操縦資格を取得するためのスクール費用やレース用として貸し出し、レンタル料収入を得る。

購入を決めてから１か月程度で稼働可能であり、決算対策に利用しやすいという特徴があったんだ。もちろん、レンタル料収入が入ってくるから節税というよりも課税の繰延べといった方がしっくりくるんだけど、課税の時期を１年遅らせることができれば、さまざまな対策を打つ時間の余裕が生まれるからね。

似たようなスキームが他にも

同様の課税の繰延べスキームに、「足場レンタル」もある。工事現場の足場材料を購入して建築会社にレンタルするんだけど、こちらもドローン同様に貸付けに該当するから、今回の税制改正で封じられることになったんだよね。

主要な事業として行われるものは損金算入可能

法人税法施行令第133条では、「貸付け（<u>主要な事業として行われるものを除く。</u>）の用に供したものを除く」と表現されている（下線部筆者）。これは、リース会社などが、節税目的ではなくリース事業、レンタル事業のような、通常の事業活動等の中で行う貸付けを行っている場合は従来通り、取得価額を損金算入可能とするためだよ。

なるほど。

他にも、子会社に資金がないことなどを理由に、親会社が事務機器等を購入し、それを子会社に貸し付ける、下請け企業等の取引先に工具等を貸し付ける、不動産賃貸業者等が賃貸物件等に付随して家具等を貸し付けるといった行為も「主要な事業として行われるもの」に含むとされ、従来通り、取得価額が損金算入可能となる。

全部ダメ、ってわけじゃないんだ。

少額の減価償却資産	一括償却資産	30万円未満の 少額減価償却資産
10万円未満 or 使用可能期間が1年未満	10万円以上 20万円未満	10万円以上 30万円未満
全企業が対象	全企業が対象	青色申告をしている 中小企業者
法令133	法令133の2	措法67の5
恒久的措置	恒久的措置	令和6年3月31日 事業供用分まで
償却資産申告対象外	償却資産申告対象外	償却資産申告対象
貸付用を除く	貸付用を除く	貸付用を除く

 少額減価償却資産、金額は小さいのに意外に奥が深いですね。

そうなんだよね。
法人税だけじゃなくて償却資産税にも関わってくるからね。

少額の減価償却資産と一括償却資産に入らなかった貸付けの用に供した資産は償却資産税の課税対象になるから気をつけて。

第9章

前払費用と
繰延資産

保証料は前払費用

そういえば（株）村尾さん、こないだ借入したときに、保証料払ってたよね。

保証料ってなんですか？

部屋を借りるときに保証会社に保証を頼むことがあるでしょ、それと同じようなものだよ。保証協会は企業が銀行からお金を借りるときの「保証人」になってくれるんだ。保証協会の保証をつける、なんて表現をするよ。

そうなんですね、じゃあ、支払手数料ですかね。

支払手数料　60,000　／　預金　60,000

保証協会の保証料は月割計上しなきゃダメだよ、前払費用だからね。

前払費用って、額が小さかったら支払ったときの費用にしていいんじゃなかったでしたっけ？

短期前払費用は1年以内のもの

短期前払費用のこと？　あれは、1年以内に提供を受けるサービスの対価を支払ったときにその時点の損金にできる規定だよ。この保証料は銀行借入期間の5年分。短期前払費用に該当するのは1年以内のものだからこの保証料は該当しないんだ。

【短期前払費用】

　前払費用の額で、その支払った日から1年以内に提供を受ける役務に係るものを支払った場合において、その支払った額に相当する金額を継続してその支払った日の属する事業年度の損金の額に算入しているときは、前払費用にかかわらず、その支払時点で損金の額に算入することができる。

保証料は借入の期間だから、今回の場合は5年。
額が小さくても短期前払費用にならずに前払費用ってわけか。

仕訳はどうなる？

8月に借入して、3月決算だから今期は8か月。60,000円を5年の60か月で割るとひと月1,000円だから……。

支払手数料	8,000	預金	60,000
前払費用	12,000		
長期前払費用	40,000		

そう、それが正しい仕訳だね。前払費用は来期からは預金が動かないので、決算のときに振替せずに費用化を忘れる、なんてことがないようにね。

来年まで覚えてられるかなあ。

B／Sをきっちりチェックすれば大丈夫。科目内訳明細書をしっかり作るとチェックできるよ。

短期前払費用の注意点

あと気を付けたいのが、短期前払費用が使えるのは**役務の提供、つまりサービス**なんだ。物品だとダメなんだよ。これのどこが間違いかわかる？

3月決算法人が新聞の年間購読料を2月に翌期1年分を支払ったもの

？

新聞の年間購読料って、物品でしょ？　これが電子版ならいいんだけど。あとは、3月決算法人が2月に翌期1年分を支払った、とある。これじゃ、支払った日から1年以内の分じゃないんだ。

うわ、気づかなかった❷　2つも間違いがあるんだ。

短期前払費用の仕入税額控除の時期

ついでに消費税の勉強。短期前払費用の仕入税額控除の時期はいつになるかわかる？

消費税の課税資産の譲渡等や課税仕入れの時期は、原則として資産の引渡しやサービスの提供があった時で、仕入税額控除はこのときに行うんでしたよね。てことは、サービスを受けるのは翌期だから仕入税額控除は翌期？　でも、損金に算入になるのは今期だよね……？

原則としては仕入税額控除の時期はサービスの提供があった時だよね。でも、短期前払費用の場合、それだと法人税との処理方法がズレてしまう。だから、消費税法基本通達 11-3-8 で、法人税の処理に引きずられて OK とされているんだよ。

ということは、今期に損金算入されて、今期に仕入税額控除。

あれ？　これ、少額の繰延資産にはならないんですか？　20万円未満なら支払ったときに全額費用にしてよかったですよね。支払が終わっていて、効果が続いているなんて似てると思うんですけど。

少額の繰延資産か、勉強してるね。でも、保証料は繰延資産じゃないんだ。前払費用。

繰延資産はサービスの提供は完了済み

松木さんの言うとおり、保証料支払の効果は今期だけでは終わらないんだけど、このような支出には「繰延資産」と「前払費用」があって、区別がつくようにしてほしいんだ。

> 繰延資産：すでに代価の支払が完了し又は支払義務が確定し、これに対応する役務の提供を受けたにもかかわらず、その効果が将来にわたって発現するものと期待される費用
>
> 前払費用：一定の契約に基づき継続的に役務の提供を受けるために支出した費用のうち、当該事業年度終了の時においてまだ提供を受けていない役務に対応するもの

うーん、イメージがわかないです……。

礼金と保証料の違い

じゃあ礼金と保証料に当てはめて説明しようか。礼金を支払うことで物件を借りるという役務提供を受け終わっているから、賃貸期間中に中途解約しても返金はないよね。

繰延資産はサービスの提供を受け終わっているんですよね。

そう、だから返金はない。

なのに、効果は続いている……。

一方、保証料は借入を途中で一括返済した場合、保証というサービスをまだ受けていない未経過分を返してもらえる。

前払費用はサービスを受け終わってないから。

保証料は前払費用なんですね。

繰延資産は2種類

ついでだから繰延資産についても説明しておこう。
繰延資産は2種類あるんだ。

会計上の繰延資産
税法上の繰延資産

会計上の繰延資産は会社法で決まっていて、創立費、開業費、株式交付費、社債発行費、開発費の５つ。償却は任意なんだ。だから、開業初年度に創立費や開業費を計上して、それを無理やり償却しないで利益が出た期まで持ち越してもいいんだよ。

任意、ということは好きな時に償却できる、ってことですよね。

創立費と開業費

実は私、創立費と開業費の区別がつかなくて。

確かに似てるよね。これは時期で考えるとわかりやすいよ。

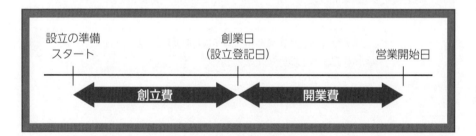

よし、会社を作ろう！と動き出して、設立登記日までが創立費。登記して営業を開始するまでが開業費だよ。

創立費：発起人に支払う報酬、設立登記のために支出する登録免許税その
　　　　他法人の設立のために支出する費用
開業費：法人の設立後事業を開始するまでの間に開業準備のために特別に
　　　　支出する費用

> なるほど！　登記日で別れるんですね。
> 字面だけだと何が何なのかわからなかったです。

創立費になるもの

> 創立費は登記日までだから、設立のために要した費用。定款の
> 認証手数料や印鑑証明書の発行手数料、設立前の事務所賃借費
> 用、設立前の発起人報酬、こんなあたりだね。

> 開業費は開業準備のために「特別に」支出した費用のこと。会
> 社のホームページ作成費用や看板などの広告費とか。賃料や水
> 道光熱費のような恒常的なものはダメだね。

> 創立期に、創立費に該当しない支出もあるかもしれないじゃな
> いですか。それってどうなるんですか？

> 法人の設立期間中に生じた損益は、設立初年度の所得の金額の
> 計算に含めて申告することができるよ（法人税基本通達2-6-2）。

> 創立期に建物や備品など固定資産を取得した場合は？

固定資産を創立期や開業までに取得した場合、創立費や開業費とせずに固定資産として計上するよ。

固定資産……それじゃあ減価償却はいつからするんですか？

創業日（設立登記日）前にパソコンを取得した場合、パソコンが設立費用にのみ該当するとはいいがたく、通常事業の用に供するものであると考えられる。設立後に事業の用に供したとして減価償却により損金算入するのが自然だろうね。

創業期にパソコン購入って、30万円未満の減価償却資産の特例って使えるのかな？

青色申告承認申請書を提出している場合、30万円未満の減価償却資産として事業の用に供した日の属する事業年度に損金にできるわよね。

青色申告の承認申請書を出した法人なら、適用可能だろうね。

20万円未満であれば一括償却資産として計上もできますね。

そうだね。
たとえ青色じゃなくても一括償却資産での計上は可能だね。

創立費の消費税はどうなる？

設立初年度から消費税課税事業者の場合、創立費の消費税ってどうなるんですか？

設立準備スタートから創業日までの支出については設立後最初の課税期間に仕入税額控除できるよ（消費税法基本通達9-6-1）。

【設立登記日以前に司法書士へ登記費用55,000円を支払った場合】

期首　創立費	50,000円		役員借入金	55,000円（課税仕入れ）
仮払消費税等	5,000円			

税法上の繰延資産とは

さて、次は税法上の繰延資産。会社法で定められている5つ以外の、サービスの提供を受け終わっているのに効果の発現が続くものだね。

【税法上の繰延資産】

① 公共的施設等の負担金…アーケード設置費用など

② 資産賃借のための権利金等…事務所契約時の礼金、更新料

③ サービス提供を受けるための権利金等…FC加盟料

④ 広告宣伝用資産の贈与費用…看板やネオンサイン、商品陳列棚の贈与

⑤ 上記以外で自己が便益を受けるための費用

税法上の繰延資産はこんな感じ。①は商店街とかに出店するとあったりするね。

礼金は税法上の繰延資産なんですね。

会社法には礼金ってないからね。でも、礼金って物件を借りるという効果は支出したあとも契約期間中続くでしょ？

確かに。

税法上の繰延資産は5年もしくはその支出の契約期間で償却。でも20万円未満の場合、少額の繰延資産として全額損金OK（法人税法施行令第134条）。

【事務所を借りるにあたり礼金を支払った】

礼金が 100,000 円の場合

| 地代家賃（支払手数料） | 100,000 | / | 現・預金 | 100,000 | |

礼金が 300,000 円の場合（契約期間 3 年、期首に契約）

| 長期前払費用 | 300,000 | / | 現・預金 | 300,000 | 支払時 |
| 地代家賃（支払手数料） | 100,000 | / | 長期前払費用 | 100,000 | 決算時 |

税法上の繰延資産って、科目は長期前払費用なんですね。

中小企業会計指針でそうなってるんだよ。あと、差入保証金が
繰延資産になることもあるよね。

差入保証金？　物件を借りるときに払う保証金って退去時に
返ってくるお金ですよね。「保証金」じゃないんですか？

賃貸契約を結ぶ時点で、解約精算時に保証金から無条件に一定
の費用が差し引かれ、返還されないことが決まっている場合が
あるんだ。保証金のうち 25% を償却する、となっていたら、
その分は返ってこない。

そんな契約があるんだ！

あるある。だって、大家さんにしてみたら、物件を貸すという
ことは、賃料踏み倒して夜逃げされてしまうリスクや、使用の
仕方が悪くて中がぐちゃぐちゃで退去後の修繕にとんでもない
額がかかるリスクを抱えている。だから、先にその分をもらう
んだよ。

なるほど。

その額が 20 万円未満なら全額損金でいいんだけど、20 万円
以上なら税法上の繰延資産として契約期間か 5 年か短い方で償
却が必要。契約書をしっかり確認しないとね。

【保証金が1,000,000円の場合（契約期間5年、25%を即時償却、期首に契約）】

長期前払費用	250,000	/	現・預金	1,000,000	支払時
保証金	750,000	/			
地代家賃（支払手数料）	50,000	/	長期前払費用	50,000	決算時

③のサービス提供を受けるための権利金等の具体例はFC加盟料か。これはイメージつきやすいな。

④は陳列棚の贈与？　贈与が繰延資産になるんですか？

ビール会社が、居酒屋さんへ自社の名前の入った商品陳列用のケースやビールサーバーなんかをあげる場合とかだね。ビール会社は広告宣伝のために贈与してるから広告宣伝費にしたいところなんだけど、これは広告宣伝の効果が1年以上続くから、繰延資産なんだよ。

じゃあ、自社の名前の入っていない、単なる陳列棚をあげた場合は？

それは寄附金だね。広告になってない。

もらった方の処理ってどうなるんですか？

受贈益を計上することになるよ（しなくてもいい場合もあります（法人税基本通達4-2-1)。)。そして、繰延資産で忘れやすいのが減価償却システムへの入力と別表16(6)への記載。

別表あるんだ。

会計上の繰延資産も税法上の繰延資産も、どちらも記載する。書く欄が違うから注意してね。税法上の繰延資産はⅠ、会計上の繰延資産はⅡに記載するよ。

【別表16(6)】

繰延資産の償却額の計算に関する明細書

事業年度 又は連結 事業年度	： ：	法人名	（ ）

Ⅰ 均等償却を行う繰延資産の償却額の計算に関する明細書

繰 延 資 産 の 種 類	1					
支 出 し た 年 月	2					
支 出 し た 金 額	3	円	円	円	円	円
償 却 期 間 の 月 数	4	月	月	月	月	月
当期の期間のうちに含まれる償却期間の月数	5					
当期分の償却限度額 当期分の普通償却限度額 $(3) \times \frac{(5)}{(4)}$	6	円	円	円	円	円
租 税 特 別 措 置 法 適 用 条 項	7	条 項 （ ）	条 項 （ ）	条 項 （ ）	条 項 （ ）	条 項 （ ）
特 別 償 却 限 度 額	8	外 円	外 円	外 円	外 円	外 円
前期から繰り越した特別償却不足額又は合併等特別償却不足額	9					
合 計 $(6)+(8)+(9)$	10					
当 期 償 却 額	11					
差引 償 却 不 足 額 $(10)-(11)$	12					
差引 償 却 超 過 額 $(11)-(10)$	13					
償却超過額 前 期 か ら の 繰 越 額	14					
償却超過額 同上のうち当期損金認容額 $((12)と(14)のうち少ない金額)$	15					
償却超過額 差引合計翌期への繰越額 $(13)+(14)-(15)$	16					
特別償却不足額 翌期に繰り越すべき特別償却不足額 $((12)と((8)+(9))のうち少ない金額)$	17					
特別償却不足額 当期において切り捨てる特別償却不足額又は合併等特別償却不足額	18					
特別償却不足額 差 引 翌 期 へ の 繰 越 額 $(17)-(18)$	19					
特別償却不足額 翌越期額への内繰訳 ： ：	20					
特別償却不足額 翌越期額への内繰訳 当 期 分 不 足 額	21					
適格組織再編成により引き継ぐべき合併等特別償却不足額 $((12)と(8)のうち少ない金額)$	22					

Ⅱ 一時償却が認められる繰延資産の償却額の計算に関する明細書

繰 延 資 産 の 種 類	23					
支 出 し た 金 額	24	円	円	円	円	円
前 期 ま で に 償 却 し た 金 額	25					
当 期 償 却 額	26					
期 末 現 在 の 帳 簿 価 額	27					

第10章

交際費

さくら会会費、これは「諸会費」勘定でいいかしら。

会費だと消費税は対象外だよね。

いや、ちょっと待って。
社長にその「会」って何なのか聞いてごらん。

主に同業者の集まる会で、居酒屋で集まっての交流会だそうです。

ってことは、単なる飲み会じゃん！

そうね

この場合、勘定科目は何が正しい？

交際費ですね

消費税は課税だ（笑）。インボイス制度が始まったら、領収書がインボイスである必要があるけれど。

「会」ってあると、諸会費って思い浮かべやすいけれど、実質は懇親会ってことが多いんだよ。

簿記で「会費」は諸会費って習っていたので……。

 税理士や弁護士みたいな士業と呼ばれる業種だと、税理士会や弁護士会に会費を払っている。税理士会なんかは強制加入なんだ。これがほんとの「諸会費」になる会費だね。何らかの対価があるわけじゃないから消費税は対象外。

 私は社会勉強が足りないわ。

 僕の担当してる会社で、「○○会」が社内サークルだったパターンもあったよ。この場合だと福利厚生費だね。

 でもさ、費用科目だし、究極「諸会費」だろうが「交際費」「福利厚生費」だろうが変わらなくない？

 利益への影響はないんだけど、税額が変わる可能性があるのよ。法人税法上だと交際費は一定額までしか損金にならないの。

 マジか

 正確には租税特別措置法だね。竹橋くんのいうように、雑費とか会費に入れても拾い忘れなければ大丈夫なんだけど、決算の時はバタバタしてしまうから、なるべく交際費は交際費勘定で集めておいた方がいいかな。

 お客様によっては、この内容はこの科目にして、って指定があるので、そのときは諦めてますけど。

どうして一定額しか損金にならないのかな？
交際費ってビジネスで必要不可欠だと思うんだけど。

法人税法上じゃなくて租税特別措置法で損金不算入とされているんだよ。立法趣旨としては冗費、つまり無駄遣いの節約だね。

誰の無駄遣い？

会社の。

法律が会社の無駄遣いを心配？　余計なお世話だな。

戦後、復興を遂げるにつれて、お付き合いが派手になって「社用族」なんて言葉が生まれるくらいだったんだそうだよ。自腹じゃとても行けないような高級な店に経費で行く、という。

シャヨウ族？　斜陽族？

太宰治の「斜陽」から「斜陽族」という言葉が生まれて、それをもじって「社用族」。社用というのは会社の用事。接待だからとここぞとばかりに高級店で派手に飲み食いする人を社用族って呼んだんだ。

ちょっとうらやましいかも……。

それが社会的に問題視されるようになって、国会でも議論されるようになったんだ。この制度ができるとき、「資本蓄積」なんて言葉を建前にしていたけれど、国民の批判的な風潮を意識したのと、そんなところにお金を落としているくらいなら税金払って欲しいというのが本音だろうね。資本金が1億円以下の中小企業にはちょっと配慮されていて、損金算入される額もある。

いくらまでなら損金になるんですか？

損金になるのは飲食費の50%以下か、800万円以内かどちらか有利な方だね。法律の書き方は損金不算入の額を定めていて、飲食費の50%を超える額か、800万円を超える額のいずれか。

【期末の資本金の額又は出資金の額が
1億円以下である等の法人の交際費の損金不算入額】

イ　交際費等の額のうち、飲食その他これに類する行為のために要する費用（専らその法人の役員もしくは従業員又はこれらの親族に対する接待等のために支出するものを除きます。）の50％に相当する金額を超える部分の金額

ロ　損金不算入額は、交際費等の額のうち、800万円にその事業年度の月数を乗じ、これを12で除して計算した金額（以下「定額控除限度額」といいます。）に達するまでの金額を超える部分の金額

ということは、飲食費の半分の額が800万円を超えていたら、飲食費の半分で損金不算入の額を計算した方が得ってことか。

年間1,600万円を超える飲食費ってすごいわね。

確かに。肝臓を悪くしそうだね🍺

ただし、大企業でも中小企業でも、1人当たり 5,000 円以下の飲食費は交際費から除かれる。

どうして1人 5,000 円以下の接待飲食費は交際費に含まないんだろう？

得意先と食事に行って、することといえば仕事の話でしょ？5,000 円以下なら、特段相手の歓心を買おうとしているわけではないと金額で線引きしたんだよ。これは景気浮揚策のひとつでもあるんだ。

損金算入になるなら、じゃあちょっと食事しながら打合せしようか、ってなりますものね。

気を付けたいのが、社内飲食費にはこれは適用できないんだ。取引先とかと行ったときだけだね。会社の役員だけで飲み食いすれば交際費課税の対象。それか役員給与になってしまうし、会社の従業員全員や部署全員が参加する飲食であれば福利厚生費だし。

飲食費は気を付けないといけないんですね。

取引先とかと飲食をして、1人当たり 5,000 円以下だったなら、次の事項を記載した書類の保存が必要になるよ。

○飲食のあった年月日
○参加した得意先等事業に関係ある者の氏名又は名称及びその関係
○飲食に参加した者の数
○その費用の金額、飲食店などの名称及び所在地
○その他参考となる事項

二次会は一次会と別に金額判定して OK だし、お土産も飲食費用に含めて OK。飲食店での飲食だけじゃなくて、お弁当の差入れでも適用可能だよ。

別表を書いてみよう

交際費を損金算入する場合、別表 15 を書くよ。

交際費勘定に計上した交際費の内訳がこんな感じだったとしよう。

交際費全額　2,500 万円

[内訳]

A　1 人当たり 5,000 円以下の飲食費　200 万円

B　1 人当たり 5,000 円超の飲食費　1,700 万円

C　その他の交際費　600 万円

Aは1人当たり5,000円以下の飲食費だから交際費から除かれますね。

800万円ってかなり大きいけれど、Bの金額の50%が800万円を超えればそっちの方が有利になる。

ええと、これどうやって書くんだ？

上から書こうとしないで、6・7・8・9を先に埋めてから書いてごらん。

損金不算入額は1,450万円。この数字が別表4の「8 交際費等の損金不算入額」に入るよ。

【別表15】

交際費等の損金算入に関する明細書

事業年度	・　・ ・　・	法人名	

		円			円
支 出 交 際 費 等 の 額 （8 の 計）	1	23,000,000	損 金 算 入 限 度 額 (2)又は(3)	4	8,500,000
支出接待飲食費損金算入基準額 （9の計）× 50/100	2	8,500,000			
中小法人等の定額控除限度額 ((1)と((800万×12/12)又は(別表十 五付表「5」))のうち少ない金額)	3	8,000,000	損 金 不 算 入 額 (1)－(4)	5	14,500,000

支 出 交 際 費 等 の 額 の 明 細

科　　　　目	支 出 額	交際費等の額から 控除される費用の額	差引交際費等の額	(8)のうち接待 飲 食 費 の 額
	6	7	8	9
	円	円	円	円
交　　際　　費	25,000,000	2,000,000	23,000,000	17,000,000
		↑ 1人当たり5,000円以下 の金額を入れる		
計	25,000,000	2,000,000	23,000,000	17,000,000

別表十五　令四・四・一以後終了事業年度分

何が交際費になるの？

交際費は得意先、仕入先その他事業に関係ある者等に対する接待・供応・慰安・贈答その他これらに類する行為のために支出する費用のこと。類する行為、だから、接待会場まで行くためのタクシー代も交際費だし、お中元を贈る送料だって交際費。

うわ、確かに。

他にも、紹介手数料だって交際費だよ。

紹介手数料？　支払手数料じゃないんですか？

一般の個人や建設業の下請け会社等、情報の提供、取引の媒介、あっせん等を業としていない者に対する紹介手数料とか情報提供料の支払いは交際費なんだよ。支払手数料とするには以下の要件を満たす必要がある。

【紹介手数料が交際費とならないための要件】

（1）　その金品の交付があらかじめ締結された契約に基づくものであること。

（2）　提供を受ける役務の内容が当該契約において具体的に明らかにされており、かつ、これに基づいて実際に役務の提供を受けていること。

（3）　その交付した金品の価額がその提供を受けた役務の内容に照らし相当と認められること。

あっせんを生業としていない人への契約を交わさず支払った紹介手数料は交際費なんですね。

僕の担当する電気屋さん、不動産屋さんに紹介手数料をちょこちょこ払ってるんだよね。契約書交わしてるのか確認しなきゃ。

会社の役員や株主

誰への支出か、誰のための支出かも大事だね。
株主総会で、株主に持たせる手土産だけど、あれも交際費。

へえ。お菓子製造会社だと、自社のお菓子くれたりしますよね。

それは交際費じゃないんだ。自社製品を手土産にするのは通常、商品の宣伝が主目的だろうから広告宣伝費でいける。

違うんだ

交際費に係る控除対象外消費税等の取扱い

今回の例で交際費が2,500万円なんて大きくしたのは限度額を理解してほしかったからなんだけど、これだけ交際費が大きかったらおそらく（課税）売上高は5億円を超えてくるはず。そうすると、もうひとつ論点があるんだ。

交際費に係る控除対象外消費税等の取扱いですね？

控除対象外消費税等？　消費税の話？

消費税なんだけど論点としては法人税だね。税抜経理方式を採用していて、課税売上高が 5 億円以上、又は課税売上割合が 95％未満の場合、つまり仮払消費税等が全額控除できない場合に問題になってくる。

税込経理だと関係ないのか。

控除対象外消費税はわかる？

課税売上高が 5 億円以上、又は課税売上割合が 95％ 未満の場合に、仮払消費税等の全額が仮受消費税等から控除できない、ってヤツですよね。例えば……

課税売上高 5,500 万円、非課税売上高 4,500 万円、仕入時に支払った消費税額（仮払消費税等）が 500 万円のケース
課税売上割合＝ 5,500 万円／（5,500 万円 +4,500 万円）＝ 55％
控除できる消費税額＝ 500 万円× 55％＝ 275 万円
控除できない消費税額＝ 500 万円×（1 － 55％）＝ 225 万円

控除できなかった消費税額は 225 万円。

そうだね。控除対象外消費税の中身は、水道光熱費や賃料、通信費なんかのいろんな科目に係る消費税。消費税で控除できずに法人税では損金になるんだけど、交際費は限度額を超えると損金にならないでしょ。交際費に係る消費税分、考慮しないといけないんだ。

交際費の額は 100 万円（交際費に係る仮払消費税等 10 万円）
交際費のうち飲食費はないものと仮定
課税売上割合は 55％とする。
消費税は、一括比例配分方式を採用、税抜処理

控除対象外消費税額の計算
10 万円（仮払消費税等）×（1 － 55％）＝ 4.5 万円

この額を、「控除対象外消費税等」として別表に記載して交際費の額に含める必要があるんだよ。

【別表 15】

科　　　　目	支　出　額	交際費等の額から控除される費用の額	差引交際費等の額	(8) のうち接待飲食費の額
	6	7	8	9
交　際　費	円 1,000,000	円	円 1,000,000	円
控除対象外消費税額等	45,000		45,000	

第11章

役員の賞与は
損金?

損金算入できる役員報酬は３種類

法人税法上、損金に算入される役員報酬は３つ。松木さん言える？

定期同額給与、事前確定届出給与、業績連動給与です。

そうだね。業績連動給与は公開会社の話で、うちの事務所が関与している会社で出てくるのは定期同額給与と事前確定届出給与。

定期同額給与とは

定期同額給与は支給時期が１か月以下の一定期間ごとで、その事業年度の各支給時期における支給額が同額のもの。毎月定額のお給料と考えればいいよ。役員の場合、毎月のお給料の額が定額から外れた分、つまり賞与は損金にならなくなってしまうんだ。

え、じゃあ役員はずっと給与の額を変えられないんですか？

金額を変えることはできるよ。ただ、時期が決まっている。

原則、期首から３か月以内ですよね。

そう。3月決算法人の場合、4月から6月の間。この時期の改定は増額、減額どちらも可能だよ。

なんで決まった時期にしか給与の額を変更できないんだろう？

役員の給与は役員自身が自分の給与を決定している。そうすると、利益が出ているからといって自分の給与を増額して法人の利益を抑えようとするかもしれない。こうやって、利益操作に使われやすいからだね。

新しく作った法人の場合ってどうなるんですか？

新設法人の場合、設立日から3か月以内に役員給与の支給開始の決定をすれば、定期同額給与に該当する。

3か月過ぎちゃった場合は？

損金にならなくなっちゃうわ。

新設法人は3か月以内に決定しないとだね。新設法人以外は期首から3か月を過ぎた場合は額を変えられないわけじゃないけど、理由が必要になるよね。

はい。臨時改定事由と、業績悪化改定事由です。

臨時改定事由：平取締役から専務取締役などの役付取締役に昇格する、反対に役付取締役から平取締役への降格など。

業績悪化改定事由：財務諸表の数値の相当程度悪化や倒産の危機に瀕している場合、株主や取引先、取引銀行など第三者である利害関係者との関係上減額せざるを得ない事情がある場合。

さすがだね、受験生。業績や財務状況、資金繰りの悪化といった事実が生じていたとしても、利益調整のみを目的として減額改定をする場合には業績悪化事由には当てはまらないから注意してね。

定期同額から外れたらダメというのは、定期同額ではなくなったら支払った役員給与全額が損金不算入になってしまうんですか？

いや、そんなことはないよ。

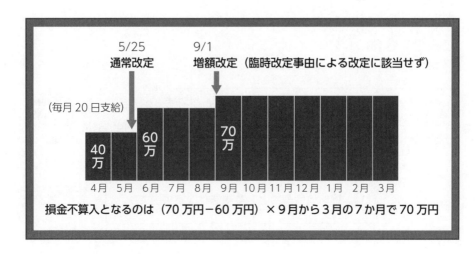

損金不算入となるのは（70万円−60万円）×9月から3月の7か月で70万円

なるほど。全額損金不算入じゃなくて、通常改定のときから改定後も支給している額は損金になるんだ。

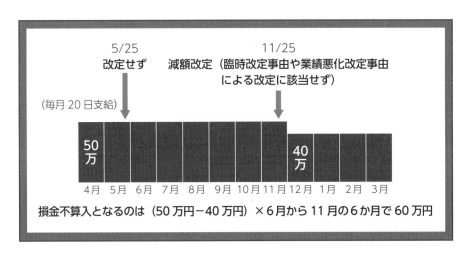

5/25
改定せず

11/25
減額改定（臨時改定事由や業績悪化改定事由による改定に該当せず）

（毎月20日支給）

| | | | | | | | | | | | |
|50万| | | | | | | |40万| | | |

4月　5月　6月　7月　8月　9月　10月　11月　12月　1月　2月　3月

損金不算入となるのは（50万円−40万円）×6月から11月の6か月で60万円

減額だからいいんじゃない？　と考える人もいるかもしれないけど、臨時改定事由や業績悪化改定事由にあたらない場合は、損金算入額は高かった時期の額を下げた額にあわせなくちゃいけない。同額の必要があるからね。

事前確定届出給与とは

ということは、賞与は定期同額から外れるから、役員に賞与を支給する場合は損金不算入となることを覚悟しないといけない？

そういうわけでもないんだ。

事前確定届出給与ですか？

そう。事前確定届出給与は定期同額給与以外の不定期な給与。これが役員の賞与に当たるかな。役員賞与を事前確定届出給与として支給すると役員賞与も損金算入とすることができる。

社長にも賞与が出せるんだ。

ただし、社長に対して自由に賞与を出せると利益調整に利用されてしまう可能性があるから、事前にいつ、いくらを、誰に支給するかを税務署に届出したもののみ損金に算入できる。

支払う時期がずれたり、支払う金額が１円でも違ったりすると全額損金にならないし、提出を忘れた期の支給は損金不算入だし、結構厳しいですよね。

運用はシビアだけれど利点もある。資金繰りの関係上、定期同額給与として支給するのが難しくても、資金繰りの余裕のある時期に事前確定届出給与を支給するようにしておくことで役員報酬の確保、法人税の節税が可能となる。

これを社長に提案したら喜ばれそうですね。

あとは同族会社の話だけれど、非常勤役員に対して定期同額給与ではなく年に１回報酬を支給する場合、事前確定届出給与の届出をすることで年に１回の報酬を損金とすることができるよ。

事前確定届出給与に関する届出書の提出期限

届出の提出期限は、原則として支給の決議をした株主総会から1か月を経過する日。ただし、その日が職務執行期間開始の日の属する会計期間開始の日から4か月を経過する日後である場合には、会計期間開始の日から4か月経過日。新設法人の場合には設立の日以後2か月を経過する日だね。

提出したら、絶対に支払わなきゃいけないもの？

いや、条件付きで金額を変更することもできるし、支給自体をやめることもできる。期首から3か月を過ぎた場合に認められる役員報酬の増額減額の理由と同様の事由に該当する場合は、「事前確定届出給与に関する変更届出書」を提出することで記載内容の変更が可能だよ。

支払をやめる場合は変更届出書を出す必要はないんだけど、支給日以前に事前確定届出給与の受取りを当該役員が辞退したことを書面等で明確にしておく必要がある。

支給しない場合は損金不算入額は0円で税務的な影響はなくないですか？

事前確定届出給与は株主総会等において事前に定められた支給日から1年以内に支払いがされない場合には、その1年を経過した日において支払いがあったものとみなして源泉徴収が必要となってしまうんだ。

源泉の義務があるんですね、知らなかったです。

定期同額給与にしろ、事前確定届出給与にしろ、ともかく基本的に役員給与は支給前に決定した額しか支給できなくなっている、ってことか。

利益操作をさせないためにそうなっているのは仕方がないとはいえ、実際の支給額を決めるとき、大変そう。

役員報酬は社長にとって大事なモチベーションのひとつで、役員報酬が極端に少なければ仕事への意欲が下がってしまうし、必要以上に多ければ経営を圧迫してしまう。役員報酬の決定には、毎月の業績管理や資金繰りの把握に基づく精度の高い来期予測が重要になってくるよね。

第12章

法人税と消費税の
申告期限

さてと、最後に申告期限の話をしておこうか。どんなに素晴らしい申告書を書いたとしても、期限が守れなかったらその申告書の価値は駄々下がり。プロとしては失格。

申告期限は2か月ですよね。

いつも、ちょっと短いなあって思ってしまったりするわ。申告期限を過ぎて申告すると、延滞税が発生してしまうから頑張ってるけど。

とはいっても、税理士だって人間だし、何があるかわからないじゃない？　新型コロナ感染症のときは延長できたけど……。

何かあったときのために出しておきたいのが「定款の定め等による申告期限の延長の特例の申請書」。

定款に、定時総会が事業年度終了から3か月以内に招集と定めてあって、確定申告書の申告期限までに申告納付できない場合は、申告期限を延長することができるよ。

【定款の定め等による申告期限の延長の特例の申請書】

定款の定め等による申告期限の延長の特例の申請書

					※ 整 理 番 号	
					※通算グループ整理番号	

税務署受付印		提出区分	納 税 地	〒		
				電話(　　　)　　　－		
令和　　年　　月　　日	□ 通算親法人が提出する場合	（ フ リ ガ ナ ）				
		法 人 名 等				
		法 人 番 号											
		（ フ リ ガ ナ ）				
		代 表 者 氏 名				
税 務 署 長 殿		代 表 者 住 所	〒			
		事 業 種 目			業	

　定款、寄附行為、規則、規約その他これらに準ずるものの定めにより、若しくは特別の事情があることにより、当該事業年度以後の各事業年度終了の日の翌日から2月以内に当該各事業年度の決算についての定時総会が招集されず、又は通算法人が多数に上ることその他これに類する理由により損益通算等による所得の金額若しくは欠損金額及び法人税の額の計算を了することができないことにより、今後、各事業年度終了の日の翌日から2月以内に法人税の確定申告書を提出できない常況にあるため、

　　　自令和　　　年　　　月　　　日

　　　　　　　　　　　　　　　　　　　事業年度の所得に対する法人税の確定申告書から、適用の取りやめをするまで

　　　至令和　　　年　　　月　　　日

提出期限の延長をし、延長月数の指定若しくは指定の取消しを受け又は延長月数の変更をしたいので申請します。

　　　　　　　　　　　　　　　　　　　　　　　　　記

申告期限延長期間	(1) 申告期限が延長されていない法人
	□　申告期限を1月（通算法人にあっては、2月）延長したい場合
	□　申告期限の延長及び2月（通算法人にあっては、3月）以上の延長月数の指定を受けたい場合　その月数（　　　）
	(2) 申告期限が1月（通算法人にあっては、2月）延長されている法人
	□　2月（通算法人にあっては、3月）以上の延長月数の指定を受けたい場合　　　　　　　　その月数（　　　）
	(3) 2月（通算法人にあっては、3月）以上の延長月数の指定を受けている法人
	□　延長月数の指定の取消しを受け、1月（通算法人にあっては、2月）延長としたい場合　取消し前の月数（　　　）
	□　2月（通算法人にあっては、3月）以上の範囲内で延長月数の指定を受けている月数を　変更前の月数（　　　）
	変更したい場合　　　　　　　　　　　　　　　　　　　　　　　　　　　　　　　　変更後の月数（　　　）

各事業年度終了の日の翌日から2月以内(延長月数の指定を受けようとする場合には各事業年度終了の日の翌日から3月以内又は通算法人の事業年度終了の日の翌日から4月以内)に各事業年度の決算についての定時総会が招集されない、又は通算法人が多数に上ることその他これに類する理由により損益通算等による所得の金額若しくは欠損金額及び法人税の額の計算を了することができない理由	根拠条文	□ 法人税法第75条の2第1項柱書（同条第11項第1号の規定により読み替えて適用する場合及び同法第144条の8において準用する場合を含む。）
		□ 法人税法第75条の2第1項第1号（同条第11項第1号の規定により読み替えて適用する場合及び同法第144条の8において準用する場合を含む。）
		□ 法人税法第75条の2第1項第2号（同条第11項第1号の規定により読み替えて適用する場合及び同法第144条の8において準用する場合を含む。）
		□ 法人税法第75条の2第2項（同条第11項第1号の規定により読み替えて適用する場合及び同法第144条の8において準用する場合を含む。）
その他参考となるべき事項	添付書類等	1　定款等の写し
		2　その他（　　　　　　）

税 理 士 署 名	

この届出を出しておくと、2か月を過ぎても3か月以内に申告すれば、延滞税は取られない。利子税は取られるんだけどね。

え？　そうなの？　それじゃ意味ないじゃないか。

一応、利子税はルール通りに申告を延長するための利息だから損金に入るよ。

とはいえ、余分な金が出ていくのは変わらないですよ。

期限後申告にならないのは大きいでしょ。

そうですよね。
2期連続で期限後申告だと青色取消になってしまいますものね。

そうだね。青色取消は30万円未満の少額減価償却資産の特例が使えなくなるし、欠損金の繰越控除も使えなくなってしまう。

それなら延長の届出は出しておいた方がいいな。

最初に適用を受けようとする事業年度終了の日までに税務署に出せばOKだよ。

地方税

この延長の届出は、国だけに出しておくんじゃ足りないんだ。都道府県民税と法人事業税、特別法人事業税についても法人税の取扱いと同様に延長されるけど、申請書を出す必要がある。

主たる事務所等が所在する都道府県知事に「申告書の提出期限の延長の処分等の届出書・承認等の申請書」（地方税法施行規則第13号の2様式）を提出することで、法人税と同じ期間、申告期限が延長されるよ。

 市町村民税は？

「法人等異動届出書」を市に提出する。「変更等の異動事項」欄に、「申告期限の延長」と記入すればいい。このとき、税務署の受付印が押印された「申告期限の延長の特例の申請書」の写しを添付するよ。地方税も2か月を過ぎると延滞金が課されるから大抵は2か月で申告納付だけどね。

消費税の申告期限の延長

 消費税は延長ってないですよね？

それが、法人税の申告期限の延長の特例を受けている場合、消費税も「消費税申告期限延長届出書」を提出すれば1か月延長が可能になったんだよ。

え！ 知らなかった！

新しい改正だからね。令和２年度税制改正だよ。

【消費税申告期限延長届出書】

消　費　税　申　告　期　限　延　長　届　出　書

<table>
<tr><td rowspan="4">令和　年　月　日

＿＿＿＿＿税務署長殿</td><td rowspan="4">届

出

者</td><td>（フリガナ）</td><td></td></tr>
<tr><td rowspan="2">納　税　地</td><td>（〒　　－　　　）

（電話番号　　　－　　　－　　　）</td></tr>
<tr><td>（フリガナ）</td></tr>
<tr><td>名　称　及　び
代表者氏名</td><td></td></tr>
<tr><td></td><td></td><td>法　人　番　号</td><td>｜　｜　｜　｜　｜　｜　｜　｜　｜　｜　｜　｜</td></tr>
</table>

　下記のとおり、消費税法第45条の2 第1項に規定する消費税申告書の提出期限の特例の適用を受けたいので、届出します。

<table>
<tr><td>事　業　年　度</td><td colspan="3">自　　月　　日　至　　月　　日</td></tr>
<tr><td>適用開始課税期間</td><td colspan="3">自　令和　　年　　月　　日　至　令和　　年　　月　　日</td></tr>
<tr><td rowspan="2">適用要件等の確認</td><td colspan="2">法人税法第75条の2に規定する申請書の提出有無</td><td>有　・　無</td></tr>
<tr><td colspan="2">国、地方公共団体に準ずる法人の申告期限の特例の
適用を受けていない</td><td>□　は　　い</td></tr>
<tr><td>参　考　事　項</td><td colspan="3"></td></tr>
<tr><td>税　理　士　署　名</td><td colspan="3">（電話番号　　　－　　　－　　　）</td></tr>
</table>

関西電力事件

改正前は、法人税や地方税は延長があるのに、消費税がなかったなんて、ちょっとひっかけ問題みたいですよね。

そうだよね。だから、消費税も延長が認められてよかったと思うよ。昔は認められなかったから、「関西電力事件」という、今でも語り草になっている事件があるよ。

事件だなんて物々しいですね。

関西電力が、税額を法定納期限までに納付していたものの、消費税等の確定申告書の提出を失念していたために、12億円超の無申告加算税賦課決定処分を受けたんだよ。

12億円！！

法人税の確定申告書の提出期限は1か月延長されるのに、昔は消費税は延長されなかった。消費税確定申告書の提出失念ミスは生じやすかったんだ。

法人税の申告書の提出期限が延長になっても納期限は延長されないから、申告延長の特例適用を受ける法人は、利子税や延滞金を嫌がって確定税額と予想される額を見込納付するのが通例。そうすると、法人税と一緒に消費税の納税はしていても消費税の申告が抜け落ちる。

なるほど。

消費税も延長可能となってよかったですね。

そうだね。忘れずに期日に間に合わせるのが一番だけど、人間だから何があるかわからない。すでに法人税申告の延長を出している関与先は、消費税の延長届も出しておくといいね。

著者紹介

高山　弥生（たかやま　やよい）

　税理士。ベンチャーサポート相続税理士法人所属。1976年埼玉県出身。

　一般企業に就職後、税理士事務所に転職。顧客に資産家を多く持つ事務所であったため、所得税と法人税の違いを強く意識。「顧客にとって税目はない」をモットーに、専門用語をなるべく使わない、わかりやすいホンネトークが好評。自身が税理士事務所に入所したてのころに知識不足で苦しんだ経験から、にほんブログ村の税理士枠で常にランキング上位にある人気ブログ『3分でわかる！会計事務所スタッフ必読ブログ』を執筆している。

　著書に『税理士事務所に入って3年以内に読む本』『税理士事務所スタッフが社長と話せるようになる本』『税理士事務所スタッフは見た！　ある資産家の相続』『個人事業と法人　どっちがいいか考えてみた』『フリーランスの私、初めて確定申告してみた』『消費税＆インボイスがざっくりわかる本』『インボイスの気になる点がサクッとわかる本』（税務研究会出版局）がある。

『3分でわかる！会計事務所スタッフ必読ブログ』
はこちらから▶

とりあえず法人税申告書が作れるようになる本

令和5年3月31日　初版第1刷発行　　　　　　　　　（著者承認検印省略）
令和6年4月25日　初版第3刷発行

Ⓒ著者　　　　　　高　山　弥　生

発行所　　　　　　税 務 研 究 会 出 版 局

週刊「税務通信」「経営財務」発行所

代表者　　　　　　山　根　　　毅

〒100-0005
東京都千代田区丸の内1-8-2　鉄鋼ビルディング
https://www.zeiken.co.jp/

乱丁・落丁の場合は、お取替え致します。　　　イラスト　夏乃まつり
印刷・製本　テックプランニング株式会社

ISBN978-4-7931-2736-6

〔第2版〕ここだけ見ておけば大丈夫！
瞬殺！法人税申告書の見方

中尾 篤史 著／B5判／188頁

定価 **2,420** 円

あまり法人税の知識がない方でも、法人税申告書の必ず見なければならないチェック項目はどこで、そこからどのようなことが読み取れるのかを簡単に理解できるよう、わかりやすく解説。今回の改訂では、令和5年9月現在の最新の様式に対応し、前版発行以降の改正を織り込んでいます。

2023年11月刊行

〔令和5年度版〕中小企業向け特例税制・
適用検討のポイントと手続き

伊原 健人 著／A5判／384頁

定価 **2,750** 円

「中小企業経営強化税制」「中小企業投資促進税制」「少額減価償却資産の特例」などの中小企業向け特例税制の主要な制度に重点を置いて、制度ごとに概要・対象者・対象設備等・適用期間・適用手続き等を解説。令和5年度税制改正の内容を織り込んで改訂。

2023年9月刊行

〔十一訂版〕
法人税基本通達逐条解説

松尾 公二 編著／A5判／2076頁

定価 **9,240** 円

法人税基本通達の全項目について、通達原文、改正の経緯、関連法令の概況、旧通達との関連、条文制定の趣旨、狙いを含めた実務解説、適用時期の形で構成し、詳説。本版は、令和4年6月24日付課法2−14改正通達までを収録した最新の内容となっています。

2023年7月刊行

〔令和5年度版〕法人税申告書
別表四、五（一）のケース・スタディ

成松 洋一 著／B5判／642頁

定価 **3,630** 円

法人税申告書別表四、別表五（一）で申告調整が必要となるケースを具体例に即して説明し、当期と翌期の税務上・決算上の経理処理を示した上で、その記載方法をわかりやすく解説。令和5年度版ではインボイスや保険に関する申告調整事例などを多数追加、305事例で詳しく説明しています。

2023年6月刊行

税務研究会出版局 https://www.zeiken.co.jp/

※ 定価は10%の消費税込みの表示となっております。